供电企业社会责任管理工具丛书

U0657893

你用电·我用心
Your Power Our Care

社会责任融入决策管理工作手册

国家电网有限公司 编

中国电力出版社
CHINA ELECTRIC POWER PRESS

序

习近平总书记在 2018 新年贺词中指出："2018 年，我们将迎来改革开放 40 周年。改革开放是当代中国发展进步的必由之路，是实现中国梦的必由之路。我们要以庆祝改革开放 40 周年为契机，逢山开路，遇水架桥，将改革进行到底。"改革开放 40 年来，中国企业取得了巨大的发展成就，许多企业具备了成为具有国际竞争力的世界一流企业的基础和条件。2017 年，在世界 500 强中，中国企业达到 115 家，已日益成为展示中国国家形象的新名片。与此相适应，随着我国企业影响力的不断扩大，中国企业社会责任发展也取得了巨大成就。

习近平总书记多次强调，"坚持经济效益和社会效益并重。一个企业既有经济责任、法律责任，也有社会责任、道德责任。企业做得越大，社会责任、道德责任就越大，公众对企业这方面的要求也就越高""只有富有爱心的财富才是真正有意义的财富，只有积极承担社会责任的企业才是最有竞争力和生命力的企业"。

在习近平新时代中国特色社会主义思想的引领下，在中国企业特别是中央企业的持续推动下，企业社会责任已在中国从无到有，从舶来品到真正植根于中国语境。2012 年底的中央经济工作会议明确提出要"强化大企业的社会责任"；十八届三中全会将"承担社会责任"作为深化国有企业改革的六项重点工作之一；十八届四中全会特别指出要"加强社会责任立法"；十八届五中全会提出"加强国家意识、法治意识、社会责任意识"。"十九大"做出了我国社会主要矛盾发生转化的重大判断，提出"推进诚信体系和志愿服务制度化，强化社会责任意识、规则意识、奉献意识"，我国已将企业社会责任上升为国家意志和国家战略。

自 2006 年以来的 13 年中，国家电网公司坚持理论与实践并重，率先发布我国首份企业社会责任报告，首个企业履行社会责任指南，首个企业绿色发展白皮书，首个企业价值白皮书，首套企业社会责任管理工具丛书；深度参与社会责任国际标准 ISO 26000、国家标准 GB/T 36000 和行业标准制定；率先成立能源行业首个企业公益基金会；社会责任案例进入哈佛、北大、清华等高校课堂。国家电网公司持续探索与完善社会责任工作体系，经历"导入起步（2006—2007）""试点探索（2008—2011）""全面试点（2012—2013）""根植深化（2014—2016）"四个阶段，进入"示范引领"阶段，推动全面社会责任管理根植于企业运营，推进社会责任模式创新和制度创新，在创新管理模式、综合价值实现模式和责任落实机制方面取得丰硕成果，为企业社会责任发展贡献了国家电网智慧和国家电网经验，引领了企业社会责任管理的发展方向。

供电企业作为提供公共产品与服务的基础产业，既是服务千家万户的可靠供电保障主体，也是关系国计民生的能源战略实施主体，同时还是公众高度关注的社会资源配置主体。供电企业的公共事业属性，决定了其肩负着重大的政治、经济与社会责任，必须秉承人民电业为人民的企业宗旨，坚持以客户为中心、专业专注、持续改善的核心价值观，做好电力先行官，架起党联系群众的连心桥，在服务党和国家工作大局、服务经济社会发展和人民美好生活中当排头、做表率。改革开放以来，我国供电企业一直积极履行社会责任，自觉追求社会综合价值最大化，不断推动社会责任融入企业日常经营与管理，很好地发挥了引领和示范作用。同时，作为运营受到社会广泛监督，重大决策只有得到政府许可、社会认同、公众支持才能付诸实施的公用事业企业，供电企业最有意愿将社会责任理念融入日常的运营管理，也最迫切需要一套系统、实用的导入工具。

这套社会责任管理工具丛书，就是将国家电网公司历年来在企业社会责任管理方面的经验与实践，进行"将复杂的问题简单化""将具体内容逻辑化、结构化、图示化"的梳理，把社会责任理论与具体的产业、行业、企业业务有机地结合起来，根据不同的情景，提出不同的解决方案，并提供相应的管理工具，希望使读者能够在短时间内有效地理解、掌握和运用。我们相信，这套丛书对我国供电企业，甚至是所有企业全面了解、系统掌握和熟练应用社会责任理念、方法和工具，将起到重要的指导和借鉴作用，必将对我国企业社会责任理论与实践的发展起到重要的促进作用，对中国经济社会可持续发展和企业更好履行社会责任产生重要而深远的影响。

习近平新时代中国特色社会主义思想和党的"十九大"精神赋予了新时代企业社会责任的新使命，指明了新时代企业社会责任的新方向，明确了新时代企业社会责任的新任务。40年物换星移，40年春华秋实，今天，站在新的历史方位，中国企业社会责任的理论创新、制度建设、实践方法也必须进入新境界，必须从更高起点上系统谋划，整体推进。我们有信心，通过不懈努力和不断探索，与社会各方和全球伙伴一起，携手应对世界经济、社会、环境发展中的新挑战，共同构建人类命运共同体，努力促进全球可持续发展目标的实现。

国家电网公司董事长、党组书记

2018 年 6 月

前　言

2016 年，习近平总书记在全国国有企业党的建设工作会议上强调，要通过加强和完善党对国有企业的领导、加强和改进国有企业党的建设，使国有企业成为党和国家最可信赖的依靠力量，成为坚决贯彻执行党中央决策部署的重要力量。党的十八届四中全会以来，中央相继出台有关决策部署，明确提出完善重大决策合法性审查机制。党的十九大报告明确提出，健全依法决策机制，构建决策科学、执行坚决、监督有力的决策管理机制。

国家电网有限公司是关系国民经济命脉和国家能源安全的国有重点骨干企业，担负着重要的政治责任、经济责任和社会责任。为实现做强做优做大目标，国家电网有限公司将社会责任融入企业战略和重大决策，从源头上推动社会责任管理理念全面融入公司生产运营管理、职能管理和日常运行机制，做中国企业社会责任管理的实践者和引领者。国家电网有限公司在总结供电企业社会责任融入决策管理的经验做法基础上，对供电企业社会责任融入决策管理的内涵、阶段、方式方法进行了探索，编制了《社会责任融入决策管理工作手册》（简称《手册》）。

《手册》共分为五篇：第一部分概念篇，从社会责任融入决策管理的价值意义和内涵方面，介绍社会责任融入决策管理的价值与意义、定义、特征、原则、参与者、适用范围和推进路径等内容，达到对社会责任融入决策管理基础概念的普及。第二部分方法篇，从社会责任融入决策管理的具体做法方面，介绍将社会责任管理理念融入决策管理的议题选择提交、方案制定、作出决策、执行与督办及评估与考核五大流程的方法，实现对社会责任融入决策管理的方式方法的系统解读。第三部分机制篇，从社会责任融入决策管理的管理机制方面，介绍社会责任融入决策管理的组织建设、制度建设和能力建设等内容。第四部分工具篇，从社会责任融入决策管理的操作方面，介绍议题选择提交、方案制定、作出决策、执行与督办、评估与考核等流程操作工具包，让社会责任融入决策管理简单易行。第五部分案例篇，从社会责任融入决策管理的实践方面，介绍国家电网有限公司系统社会责任融入决策管理的典型实践案例，实现对社会责任融入决策管理经验实践层面的分享和传播。

《手册》旨在帮助供电企业对社会责任融入决策管理形成科学、正确的认识和理解，指导供电企业开展社会责任融入决策管理，并提供操作性工具，分享供电企业社会责任融入决策管理的经验做法、典型案例，从源头保障企业高效、正确决策，促进全面社会责任管理有效落地，提升综合价值创造能力。

目 录

4

5

工具篇

案例篇

1 概念篇

社会责任融入决策管理的价值与意义

社会责任融入决策管理的内涵

社会责任融入决策
管理的价值与意义

决策管理是企业管理的关键。供电企业作为关系国家能源安全、国民经济命脉、社会高度关注的公用事业企业，作决定的过程也是对企业内外资源整合管理的过程。社会责任融入决策管理就是要把利益相关方诉求和地方发展规划部署纳入企业决策的考虑范畴，从源头上保证企业运营的透明和道德，提升供电企业及外部相关方的综合价值创造能力。

提高供电企业
运营管理效率

增进利益相关方
综合价值创造

提升供电企业
运营透明度

将社会责任融入决策管理，可以避免道德、法律等风险，促进决策更好地执行。具体体现为：一是通过对企业决策进行基于外部需求的系统管理，能够有效增强对利益相关方需求和影响的考量，推动企业在制定决策时重新思考企业管理的终极目标和对社会的价值意义，最大限度凝聚决策执行的内外合力，减少决策执行的阻力；二是从决策目标、决策议题、决策程序、决策制度、决策绩效、决策改进等方面进一步优化决策流程，理顺决策执行环节，促进决策高效落地实施。

将社会责任融入决策管理 ，综合考虑各方诉求，有利于增进供电企业自身及各方价值创造。一是促进重大决策不但考虑"技术可行、经济合理、能力可及"，而且考虑"社会接受、环境友好、价值优越"，有助于实现经济、社会和环境综合价值最大化，更好地服务当地经济社会可持续发展；二是促进员工在执行企业决策时，更好地理解该项决策为地方经济社会发展带来的价值，增进员工将外部视角、合作共赢、透明沟通等社会责任理念融入日常工作和业务活动，辨识、分析岗位工作可能引发的消极影响，制定防范措施，促使员工更加负责任地开展专业工作。

将社会责任理念融入决策管理，加强决策过程与社会各界的沟通合作，有利于从源头上保证供电企业运营的透明和接受社会监督，促进利益相关方知情、参与和监督供电企业运营活动，赢得利益相关方的利益认同、信息认同和价值认同，争取社会各界的理解、信任和支持，充分发挥供电企业的产业带动力、社会影响力。

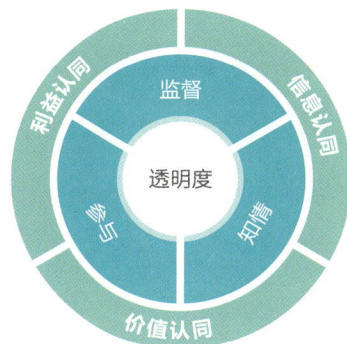

社会责任融入决策管理的内涵

与传统的决策管理相比，社会责任融入决策管理在定义、特征、原则、参与者、适用范围和推进路径等方面既有共性又有其独特性。

决策管理的定义

决策是为了实现特定目标，根据客观可能，在占有一定的信息和经验的基础上，借助一定的工具、技能或方法，对影响目标实现的因素进行计算、分析、判断和优选后，对未来的行动作出决定的动态行为过程。

决策管理是指在决策过程中对决策进行有目的、有计划、有行动、有评价、有改进的系统的管理。它是对决策理念、决策标准、决策程序、决策内容、决策制度、决策效率进行优化的过程。

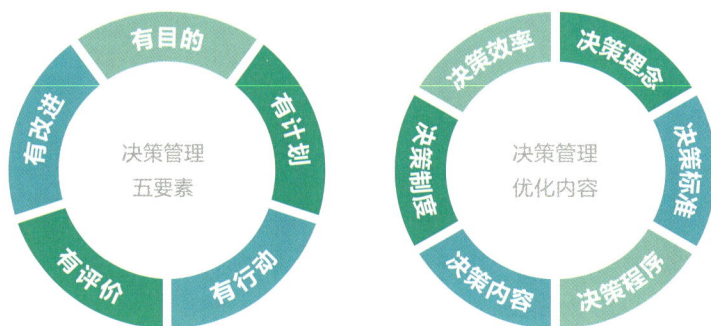

社会责任融入决策管理的定义

社会责任融入决策管理是指将社会责任理念和方法融入企业决策管理的过程。

- 在管理目标上，注重追求经济、社会和环境价值最大化。

- 在管理过程中，充分发挥内外部利益相关方的作用。

- 在参考标准上，不仅参考依法合规、技术可行、经济合理、企业能力可及，而且参考社会认可、生态友好、价值优越等多项标准。

- 在管理成果上，促进利益相关方共同分享决策管理成果。

社会责任融入决策管理的特征

○ 管理目标多元同等

社会责任融入决策管理注重将社会的需求、环境的目标等多元利益诉求纳入决策范畴，决策管理目标从追求以利润为核心的财务价值最大化，转向追求经济、社会、环境综合价值最大化，在经济效益、社会效益和环境效益中寻求平衡，服务企业和社会可持续发展。

○ 管理过程多方参与

社会责任融入决策管理将管理对象从企业内部人、财、物，拓展到外部利益相关方的资源、能力和潜力等，决策管理机制也从注重实现企业内部资源的优化配置，转向注重促进社会资源的更优配置，如决策方案制定过程充分感知利益相关方诉求，发挥外部利益相关方、社会责任推进部门、专业部门、社会责任专家等多方参与作用，以多种形式保障利益相关方参与到企业决策管理过程，推动形成社会责任融入决策的多方合作平台与机制，增强决策的科学性和实践性。

○ 多项标准综合参考

社会责任融入决策管理确保决策不但考虑依法合规、技术可行、经济合理、企业能力可及，而且考虑社会认可、生态友好、价值优越等标准，还要考虑利益相关方的资源、能力与优势等因素。运用系统分析方法对具体的标准化对象及其相关要素进行分析，决策方案的制定不仅满足一个标准，而且要综合参考多项标准，以实现整体最佳效益。

○ 管理成果均衡共享

基于各利益相关方都参与了社会责任融入决策管理的目标的实现，因此应根据各方在决策过程中的功能定位、作用发挥等，按照事先相关约定进行成果共享。

社会责任融入决策管理的原则

依法合规原则

依法合规原则是社会责任融入决策管理的前提。将合法性审核内嵌到重大决策，让重大决策合法性审核作为作出决策的前置环节，严格按照法律规定和企业规章制度对重大决策权限、程序、主体等内容进行审核，保障其合法性，最大限度地降低决策风险。

利益相关方参与原则

邀请利益相关方参与方案制定和决策执行等决策管理过程，了解政府部门、客户、员工、合作伙伴、社区等不同利益相关方的期望，广泛听取利益相关方的意见和建议。针对不同利益相关方，分别采用不同的参与方式，以提升利益相关方参与效果和水平，充分保证利益相关方对决策执行的知情权、参与权和监督权，促进企业与利益相关方的合作共赢。

综合价值最大化原则

综合价值最大化原则是社会责任融入决策管理的重要保证。将追求经济、社会和环境的综合价值最大化等社会责任管理理念融入议题选择、方案制定等决策管理过程，最大限度降低决策带来的经济、社会和环境负面影响，凝聚内外发展合力，实现经济、社会和环境综合价值最大化。

有效管理影响原则

有效管理决策对利益相关方、社会和环境的影响，影响从内容上讲，包括社会影响、经济影响、环境影响；从形成上讲，包括直接影响、间接影响；从性质上讲，包括积极影响、消极影响。从方案制定起即分析方案的各类影响，从而为确定最佳方案提供参考，促进决策执行中防范和化解社会风险和环境风险，最大限度地增加积极影响、减少消极影响。

信息公开透明原则

决策前期将决策背景信息对外公开，加强社会表达，清晰、准确、及时、诚实和完整地与各方进行充分的沟通交流，主动听取各方意见建议，增强利益相关方的参与意愿。决策执行过程接受社会监督和舆论监督，促进与利益相关方信息共享，赢得社会各界对决策实施的理解、信任和大力支持。

闭环管理原则

为了保障决策的科学有效，社会责任融入决策管理要坚持闭环管理。从议题选择提交、方案制定、作出决策、执行与督办到评估与考核，系统推进社会责任理念和方法的融入，动态有序地实现社会责任融入决策管理。

社会责任融入决策管理的参与者

社会责任融入决策管理，除了传统的决策者之外，还应该有更多的参与群体。参与者包括以下五类：

- 领导者，作为决策的核心，主要负责决策方案的评估和筛选，并作出决策。

- 协助者，包括决策涉及的各利益相关方（政府、客户、供应商、合作伙伴、媒体等），作为决策的外部辅助者，职责是尽可能多地提供与决策内容相关的背景知识。

- 推动者，作为决策程序的协调者，负责协调各类参与者有序参与决策过程，推动决策科学有效实施。

- 业务专家，负责为决策提供重要的专业知识和参考意见。

- 执行者，包括各职能部门、业务部门、下属公司，作为最终决策的实际实施者，负责决策方案的落地实施。

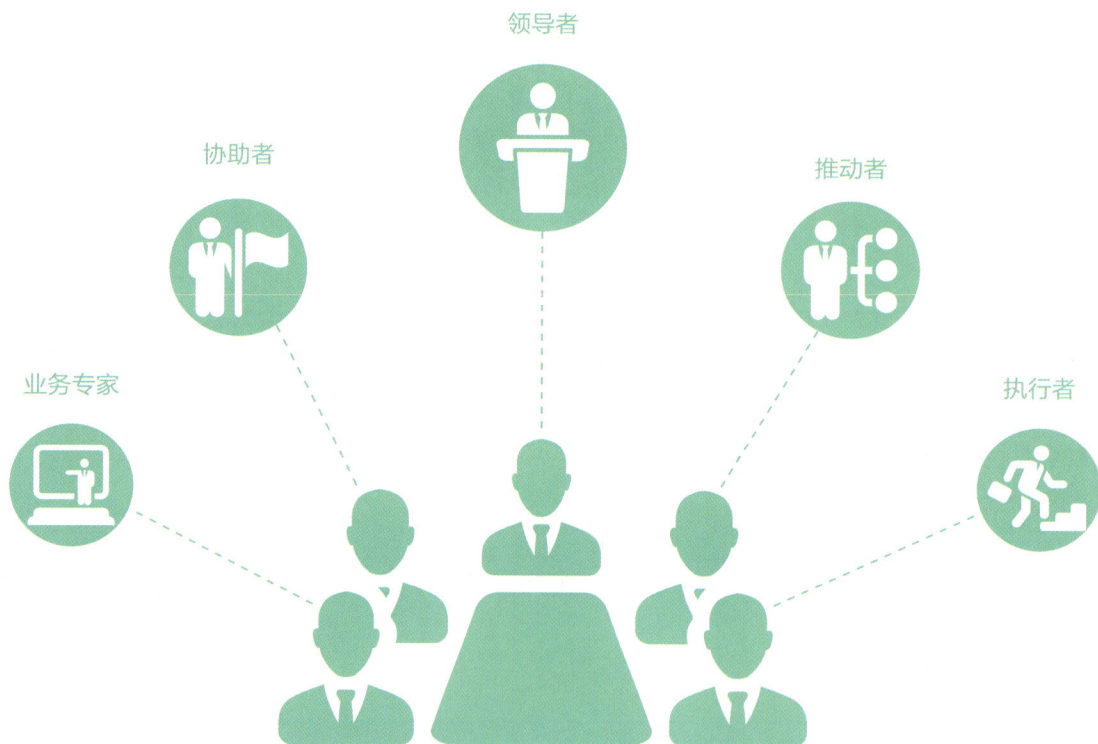

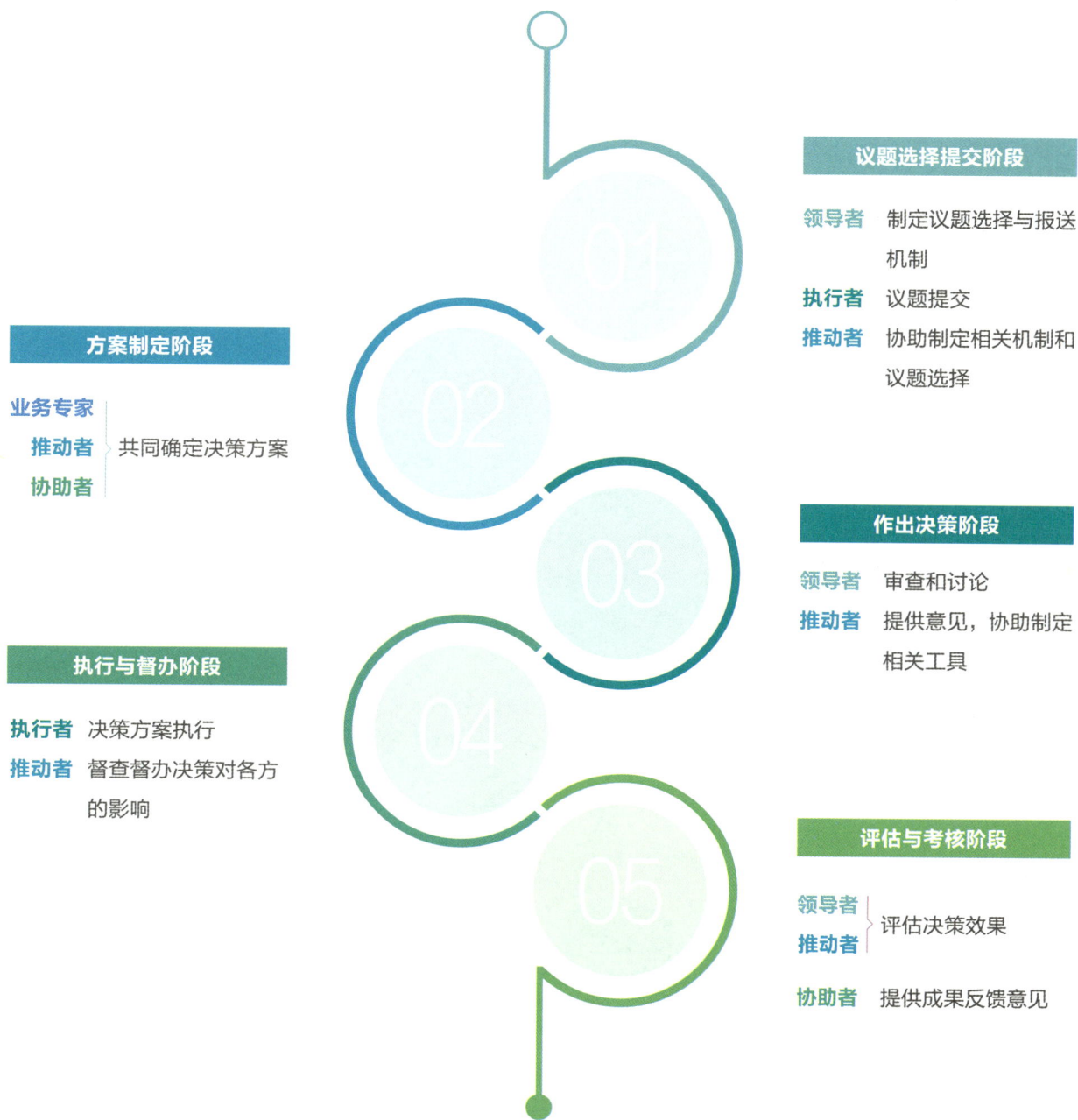

议题选择提交阶段

领导者 制定议题选择与报送机制

执行者 议题提交

推动者 协助制定相关机制和议题选择

方案制定阶段

业务专家
推动者 共同确定决策方案
协助者

作出决策阶段

领导者 审查和讨论

推动者 提供意见，协助制定相关工具

执行与督办阶段

执行者 决策方案执行

推动者 督查督办决策对各方的影响

评估与考核阶段

领导者
推动者 评估决策效果

协助者 提供成果反馈意见

社会责任融入决策管理的适用范围

企业运营管理过程中,决策管理无处不在。企业高层对企业的中长期发展规划、重大投资等进行决策,部门中层对业务运营的管理策略进行决策,基层管理人员对具体活动方案进行决策。决策一经作出,就必须付诸实施,对整个管理活动、系统内的每个人都具有鲜明的指导作用,规范每名员工的行为。因此社会责任融入决策管理适用于企业生产经营的每个环节、每个方面及每名员工。

○ 业务运营和职能管理

促进社会责任融入决策管理要求落实到生产经营的每个环节和职能管理体系,覆盖企业价值链的所有活动,推动优化企业生产运营流程和职能管理体系。一是在生产经营体系中落实社会责任融入决策管理要求,覆盖采购、生产和运营等价值链管理的全过程,推进优化后的各项业务决策管理流程在供电企业得到实际应用,并对业务活动进行社会责任要素的检验和控制,确保优化后的决策管理流程的运用效果;二是在资产生命周期管理体系中落实社会责任融入决策管理要求,覆盖资产购置、资产运行和资产处置等资产生命周期管理的全过程;三是在职能管理体系中落实社会责任融入决策管理要求,覆盖人力资源管理、财务资源管理、科技资源管理、信息资源管理、企业文化建设和风险控制体系等各个职能管理支持体系,为企业推进社会责任融入决策管理提供制度、资源和人才的有力支持。

覆盖采购、生产和运营等价值链管理的全过程

生产经营体系

职能管理体系

资产生命周期管理体系

覆盖人力资源管理、财务资源管理、科技资源管理、信息资源管理、企业文化建设和风险控制体系等各个职能管理支持体系

覆盖资产购置、资产运行和资产处置等资产生命周期管理的全过程

社会责任融入决策管理在业务运营和职能管理体系的落地

电网建设领域落实社会责任融入决策管理要求

近年来，济南市旧城改造不断深入，恒隆、万达、绿地、世贸等 16 个大型城市综合体相继建成投运，城市总容积率由 1.7 提高到 2.5，主城区负荷密度大幅提高，用电需求显著提高，二环以内 80% 以上的变电站已接近满负荷运行。

国网济南供电公司从社会责任的视角出发，以努力服务经济社会发展、提升企业综合价值创造能力为目标，将推动主城区变电站建设作为企业决策的重要议题。在决策过程中对各个利益相关方诉求进行深入分析，了解变电站建设受阻的根本原因，分析变电站建设的利弊因素，确定决策议题方案，提交总经理办公会集体通过后，制定了以下实施方案：与政府开展差异化沟通、与开发商超前合作、与媒体良好互动、与居民密切沟通，优化变电站建设环境。通过落实方案，济南市主城区电网建设实现变电站"六开工、两投产"，实现了决策的最终落地。

与政府开展差异化沟通

与开发商超前合作

实施方案

与居民密切沟通

与媒体良好互动

○ 运行机制

推动社会责任融入决策管理要求落实到企业使命和价值观确定、战略制定、规划制定、综合计划制定、全面预算编制、绩效考核和全员绩效管理等企业日常运行机制的全部环节，从思想、战略、组织、制度和考核各方面实现社会责任管理的闭环循环，促进优化企业日常管理流程。

社会责任融入决策管理具体落实到以下五个方面：一是基于凝聚各方可持续发展合力、追求综合价值最大化的决策管理目标，对企业使命和企业价值观进行重塑；二是立足国情、社会发展阶段和企业实际，制定和实施追求综合价值最大化的可持续发展战略；三是建设社会责任推进组织体系，为凝聚内外部利益相关方可持续发展合力提供组织保障和强劲动力；四是建立健全利益相关方参与机制，从制度安排、资源保障和行动部署等各个方面保证利益相关方的知情权、参与权和监督权，发挥各利益相关方的综合价值创造潜力；五是构建综合价值创造绩效考核体系，丰富和完善企业的绩效考核制度、绩效考核组织体系和绩效考核程序，为全面提升企业的综合价值创造能力、运营透明度和决策管理水平提供体制机制的有力保障。

社会责任融入决策管理在运行机制的落地

💡 社会责任融入"三重一大"事项决策流程

国网武清供电公司以 ARIS（The Architecture of Integrated Information Systems）管理平台为工具支撑，将社会责任管理内容和要素转化为具体工作要求，嵌入流程、职责、制度、标准、考核，形成具有社会责任内涵的"五位一体"协同机制，指导公司各层级、各专业开展日常工作，推进社会责任与专业工作、职能管理的全面融合。

国网武清供电公司将社会责任融入"三重一大"事项决策流程，将 GB/T 36000—2015《社会责任指南》融入流程标准。在"报送'三重一大'事项决策"环节融入社会责任管理要求：决策前，对重大议题进行审核评议，在企业内、外部聘请一批兼职社会责任管理评议员，在企业"三重一大"决策管理中，由内部"社评员"从全面社会责任管理视角对重大决议、议题、决策进行参谋把关；实施过程中或结束后，对重大决策进行评估，由外部"社评员"进行事中事后评估，充分了解对利益相关方的影响，并对重大决策、重要活动及工作部署进行调整完善。在"收集'三重一大'事项决策"环节添加"利益相关方影响感受调查表"，推动将社会责任标准、要求等融入"三重一大"事项决策流程，提高决策水平，防范决策风险。

○ 全体员工

将社会责任融入决策管理理念和要求宣贯到全体员工，促进各部门、各层级和各岗位的所有员工都有意愿、有能力落实社会责任融入决策管理要求，切实将有效管理决策和活动对利益相关方、社会和环境的影响，保持行为的透明和道德，积极推动利益相关方参与，追求经济、社会和环境的综合价值最大化等社会责任融入决策管理理念转化为具体行动，并在此基础上，努力将社会责任融入决策管理理念拓展到外部利益相关方，携手外部利益相关方共同推进可持续发展，合力促进综合价值最大化，形成内部员工和外部利益相关方共同发挥作用的最广泛的全员参与。

一是企业高层率先承诺推进社会责任融入决策管理，并成为行动表率；二是开展全员社会责任融入决策管理培训，树立全员社会责任融入决策管理意识，提升全员社会责任融入决策管理能力。全员自觉在工作岗位上落实社会责任融入决策管理要求，推动社会责任融入决策管理理念切实转化为全体员工的自觉行动，形成人人自觉践行社会责任融入决策管理要求的局面。

企业高层率先承诺推进社会责任融入决策管理，并成为行动表率

开展全员社会责任融入决策管理培训

社会责任融入决策管理贯彻到企业高层和全体员工

社会责任融入决策管理的推进路径

决策管理经过社会责任理念的重新梳理和优化，决策管理目标从追求以利润为核心的财务价值最大化，转向追求经济、社会、环境综合价值最大化；决策管理对象从企业内部人、财、物，拓展到内外部利益相关方的资源、信息、能力和潜力等；决策管理机制从注重实现企业内部资源的优化配置，转向注重促进社会资源的更优配置；管理价值从财务价值延伸到经济价值、环境价值和社会价值，从股东价值延伸到利益相关方价值，从关注自身发展延伸到促进社会进步。因此，实现社会责任融入决策管理目标，推进路径具体分为以下三个阶段：

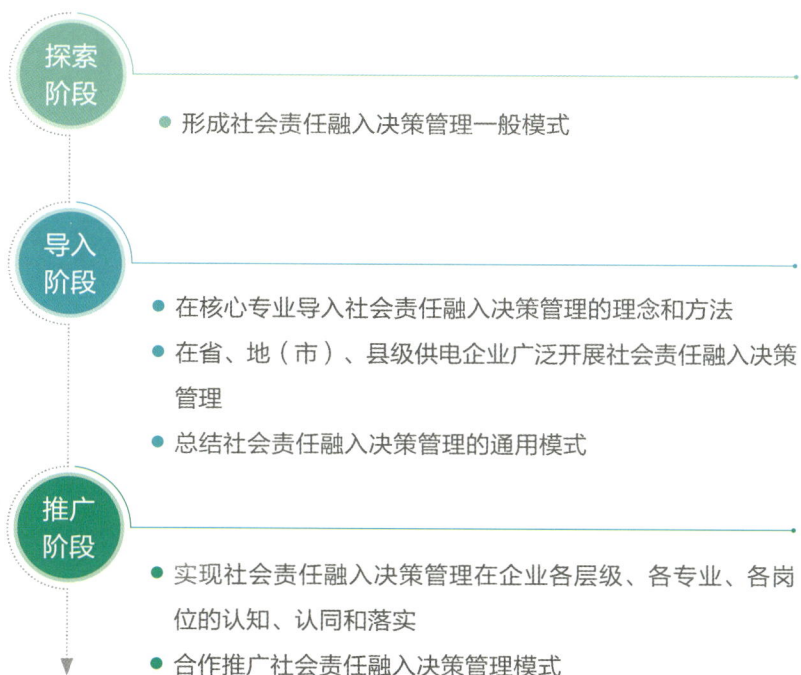

探索阶段

- 形成社会责任融入决策管理一般模式

导入阶段

- 在核心专业导入社会责任融入决策管理的理念和方法
- 在省、地（市）、县级供电企业广泛开展社会责任融入决策管理
- 总结社会责任融入决策管理的通用模式

推广阶段

- 实现社会责任融入决策管理在企业各层级、各专业、各岗位的认知、认同和落实
- 合作推广社会责任融入决策管理模式

方法篇

2

社会责任融入决策管理从议题选择提交、方案制定、作出决策、执行与督办、评估与考核五个阶段规范了流程，提供了操作的管理工具，推动实现社会责任融入决策管理闭环。

议题选择提交阶段

优先选择对企业发展和利益相关方有重大影响，或对经济、社会、环境有重大影响的议题

方案制定阶段

感知利益相关方诉求，根据诉求制定议题方案，开展方案可行性评估

作出决策阶段

从专业、社会责任角度审查方案，选择最佳方案，制定与方案目标相对应的绩效考核指标体系

执行与督办阶段

编制项目实施方案，跟踪项目实施过程

评估与考核阶段

考核决策执行情况，并对决策管理全流程进行经验总结

社会责任融入决策管理阶段流程

议题选择提交阶段

议题选择提交阶段是指企业将社会责任融入决策前议题选择与提交的过程。该阶段强调将利益相关方和经济、社会、环境影响的视角引入议题的选择与提交中，改进企业以自身工作为主导的决策思路，对与利益相关方和经济、社会、环境有同样重大关系和影响的议题给予重视。

议题排序

在议题提交前，相关部门或人员收集需要商议的议题，一是听取法律部门意见，对决策议题的合法性进行单独审查，引导部门坚守契约精神，依法依规生产经营，维护利益相关方合法权益，防范法律风险，营造良好的行业环境；二是从企业优势能力及相关方关注度进行综合排序，或按创造综合价值及社会关注度进行综合排序，形成基于社会责任视角的议题顺序。

🔧 **工具 1-1** 决策议题合法性审查表

🔧 **工具 1-2** 社会责任"企业优势－利益相关方关注度"矩阵

🔧 **工具 1-3** 社会责任"综合价值－社会关注度"矩阵

💡 国家电网有限公司 2017 年社会责任报告议题矩阵

遵照《国家电网有限公司履行社会责任指南》，国家电网有限公司应用"对创造综合价值的影响度－社会关注度"二维矩阵，其中以价值创造维度评估具体议题与综合价值创造的相关性、重要性和可行性，以社会关注维度评估社会和利益相关方对具体议题的关注程度。

国家电网有限公司利用议题矩阵排序形成电力体制改革、安全可靠能源供应等 17 个议题，在报告中予以重点披露，更好地回应利益相关方，为实现企业可持续发展提供依据。

议题提交

相关部门或人员在对决策议题分类排序的基础上，根据需要选取在"企业优势－利益相关方关注度"矩阵、"综合价值－社会关注度"矩阵中排序靠前的议题，纳入利益相关方和经济、社会、环境的分析视角进行责任表达，形成议题表述文件，与议题一并提交，为议题最终确定提供参考。

议题确定

决策领导者结合议题表述文件，从议题的必要性、重要性两个维度对提交的议题进行评估，优先选择对企业发展与利益相关方有重大影响和对经济、社会、环境有重大影响的议题。

🔧 **工具 1-4** 议题必要性评估表

🔧 **工具 1-5** 议题重要性评估表

💡 **国网北京电力"电力爱心教室"公益项目议题选择**

近年来，国网北京电力开展"安全用电进学校""电靓京城，牵手未来"等活动，在社会上引起一定反响。如何充分利用爱心资源，更好发挥自身影响力，带动伙伴共同参与，国网北京电力在公益项目议题选择方面开展积极探索。

国网北京电力站在社会整体的视角，利用"企业优势－利益相关方关注度"议题排序方法在识别利益相关方期望与诉求的基础上，汇总形成社会需求清单，包括电力知识普及、电力延伸服务、助学等，结合北京市教育资源丰富的实际及企业内部电力专业优势，充分考虑在实现企业优势最大化的同时，以较低成本推动社会共识达成，最终聚焦"电力知识普及"这一议题。

- 电力知识普及
- 电力延伸服务
- 助学

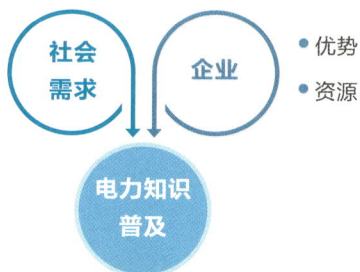

社会需求　企业

优势
资源

电力知识普及

- 发挥企业优势与社会资源合作解决社会热点需求

方案制定阶段

方案制定阶段是指企业制定符合社会责任要求的决策方案的过程。该阶段强调将利益相关方或经济、社会、环境的视角融入议题的分析和方案的制定中，同时建立利益相关方与推进部门参与议题方案制定的工作机制，以确保企业的每项议题都能综合考虑对利益相关方和经济、社会、环境的影响，使综合价值的创造最大化，对企业、利益相关方的负面影响最小化。

需求感知

感知利益相关方需求是方案制定的基础，企业通过进一步识别政府、客户、员工、社区、媒体等关键利益相关方的诉求和资源优势，将利益相关方诉求融入方案目标，将资源优势融入方案措施。

感知需求的方式分为两种，一是单向感知，企业通过运营接收渠道（如 95598 供电服务热线、营业服务窗口等）、社会监督渠道（如 12345 政府服务热线、12398 能源监管热线等）获知利益相关方主动反馈的需求、意见及建议；二是双向感知，企业通过双向采集渠道（如交流研讨、实地走访、问卷调查等）收集利益相关方需求、意见及建议。

通过多种方式获取利益相关方需求并记录、汇总关键利益相关方主要诉求、优势、沟通参与方式、沟通议题等信息，为方案编制提供支持。

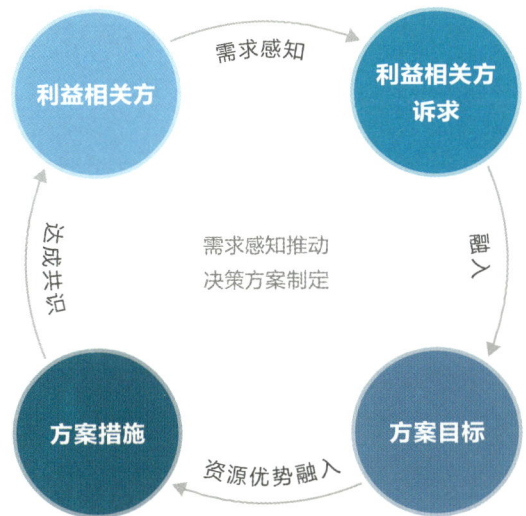

🔧 **工具 2-1** 调查问卷

🔧 **工具 2-2** 访谈提纲

国网无锡供电公司构建利益相关方全方位感知决策体系

国网无锡供电公司积极探索建立智慧型全面社会责任管理体系，以高效和系统的诉求感知渠道和方式为手段，构建利益相关方全方位感知决策体系。

对利益相关方诉求进行采集、整理、加工、传播、存储和利用，
将利益相关方合理诉求融入决策管理

提升社会责任工作服务利益相关方的能力和水平

促进运营方式、员工行为、企业形象的积极转变

利益相关方全方位感知决策体系运用利益相关方识别机制，识别日常运营所涉及的利益相关方；运用诉求感知与筛选机制，梳理利益相关方诉求，并进行过滤和加工，通过"去粗取精、去伪存真、由此及彼、由表及里"的筛选，形成可供决策参考的信息；运用信息处理与决策机制，对不同种类、不同等级的信息进行分类处理，作出决策；运用决策执行与反馈机制，高效执行决策指令，并将结果及时反馈利益相关方。

利益相关方识别机制
识别日常运营所涉及的利益相关方

诉求感知与筛选机制
形成可供决策参考的信息

利益相关方
全方位感知
决策体系

信息处理与决策机制
对不同种类、不同等级的信息进行分类处理

决策执行与反馈机制
高效执行决策指令，并将结果及时反馈利益相关方

方案编制

○ 邀请多方参与制定

邀请利益相关方及社会责任推进部门参与方案制定过程，将利益相关方诉求、社会责任推进部门意见纳入方案，与利益相关方、社会责任推进部门共同商讨方案制定。

🔧 **工具 2-3** 关键利益相关方分析和沟通统计表

🔧 **工具 2-4** 头脑风暴流程表

○ 撰写方案

在对利益相关方需求、资源等充分调研及与利益相关方反复沟通的基础上撰写方案，形成对利益相关方（或经济、社会、环境）影响的实质性应对举措，可以从经济、社会、环境多维度进行撰写。

决策方案一经确定，一般不随意变更。但变化的内外环境条件作为决策的不确定因素，给决策带来有利或不利影响，决策方案制定的同时需要准备预备方案，一旦环境发生变化，可主动调整或替换决策方案，使决策工作更科学、更合理、更具有适应性。

🔧 **工具 2-5** 项目方案制定表

💡 **国网滨州供电公司构建政企协同电网规划前期管理新机制**

国网滨州供电公司原有的以企业主导的电网建设投资计划上报机制，存在着用电需求对接不及时、投资精准性较低、前期手续推进慢、征地拆迁难等问题，成为影响电网工程进度的主要因素，降低了工作效率和项目效益。

国网滨州供电公司对原有业务流程和制度进行改进，由原来企业主导，发展策划部牵头的电网规划及前期管理模式，变为由市长挂帅，分管副市长牵头召开政府联席会议，国土、规划等部门及各县区政府共同参与管理的电网规划及前期管理模式。

用电需求对接不及时　投资精准性较低　前期手续推进慢　征地拆迁难　影响电网工程进度的主要因素

搭建以政府部门主导的信息沟通平台。建立例会制度，由分管副市长定期召集经贸、国土、规划、公安等政府部门及各县区政府领导，协商解决电网项目审批、规划对接、土地征用、拆迁赔偿等电网规划及前期中的难点问题。

借助政府信息沟通平台，邀请媒体参与，利用政府和媒体的综合影响力，增强政府部门、社会公众对电网建设重要性的认识，营造良好的电网建设外部环境，有效推进电网建设工作，确保电网项目建设依法合规，按时开工和投产。

国网盐城供电公司推动科学编制专项电网规划

随着盐城经济发展，落户的大中型企业数量不断增加，地方电力负荷需求持续快速增长，对电网输送和供应能力形成压力和挑战。为满足大丰港经济区各阶段新增电力负荷发展的需要，大丰市政府期望在大丰港经济区编制专项电网发展规划。

国网盐城供电公司和大丰市供电公司迅速响应，成立项目领导小组，通过日常沟通、网络平台、工作汇报等多种方式和渠道，主动与大丰市政府规划部门配合沟通，紧跟大丰港经济区发展规划，及时了解企业客户电力负荷需求，与大丰港经济区政府水务、公路等部门加强联系，确保电力规划符合整体发展规划。

考虑到各方不同的工作职责及其与电网规划编制的关联度，项目领导小组明确了地方政府是专项规划的责任主体，由政府委托有资质的设计单位编制专项规划，供电公司及其他相关单位提供协调配合。通过与利益相关方开展充分沟通推进规划科学编制，《大丰港经济区电力设施专项规划》通过评审并开始实施。

与规划部门
配合沟通

1

日常沟通
网络平台
工作汇报

了解
企业客户
电力负荷需求

2

3

与水务、
公路等部门
加强联系

方案评估

对方案进行预评估，分别从技术分析、经济影响、社会影响、环境影响四个维度，分有利因素及不利因素两方面进行系统评估，确保方案较好地平衡经济技术可行、社会环境影响及利益相关方需求等因素。

在必要时，邀请关键利益相关方参与，充分沟通评估，努力做到"社会接受、环境友好、价值优越"。

⚒ 工具 2-6 方案可行性评估表

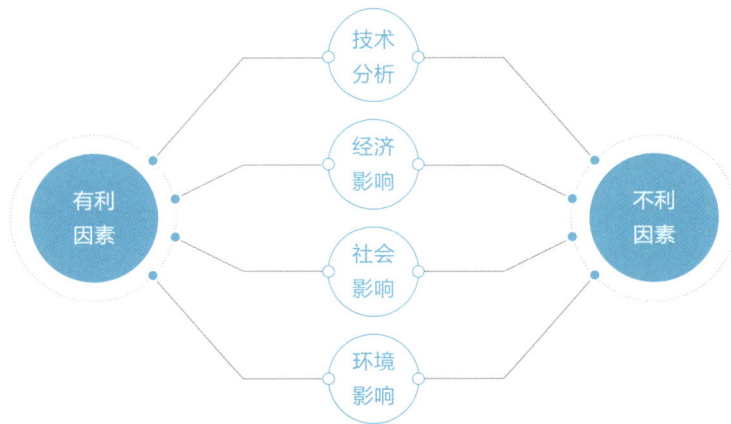

方案考量因素

作出决策阶段

作出决策阶段是指为有效解决组织运营过程中出现的经济、社会、环境问题，决策层在对内外部环境综合分析的基础上，借助制度化、科学性的决策流程、方法和工具，对提交的决策议题及方案中涉及依法合规、利益相关方的内容从经济、社会、环境三方面影响进行审查、评估，选择并确定最佳方案的过程。

制定评价体系

根据议题表述性文件和利益相关方的期望、诉求等资料，从必尽责任、应尽责任和愿尽责任三个维度确定议题方案的评价指标，并根据彼此之间的关系衡量各项指标的权重。方案评价指标确定后，对方案进行审查、评估并择优比选。

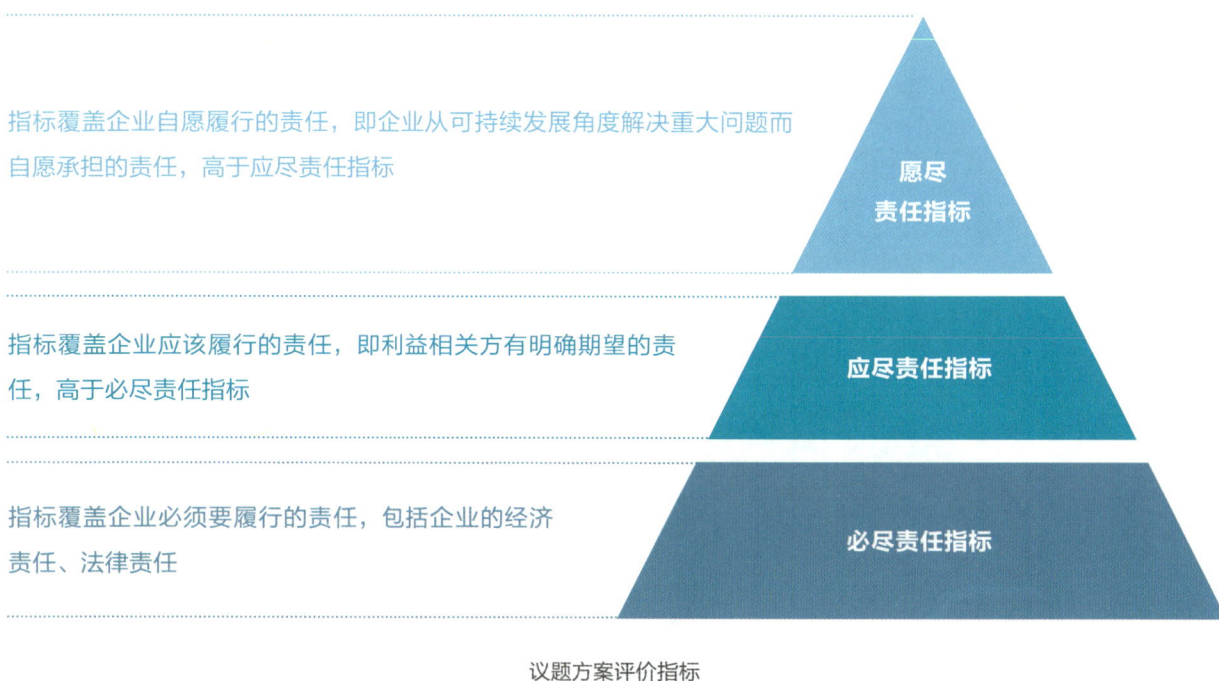

指标覆盖企业自愿履行的责任，即企业从可持续发展角度解决重大问题而自愿承担的责任，高于应尽责任指标

愿尽责任指标

指标覆盖企业应该履行的责任，即利益相关方有明确期望的责任，高于必尽责任指标

应尽责任指标

指标覆盖企业必须要履行的责任，包括企业的经济责任、法律责任

必尽责任指标

议题方案评价指标

开展方案审查

审查、评估方案中对社会责任的分析，是决策者将社会责任融入决策的首要工作。

一 对方案的合法性进行单独审查，维护利益相关方合法权益，突出防范法律风险，营造良好的行业环境；

二 运用标准、规范的科学方法，对议题涉及的利益相关方或经济、社会、环境影响的重要性、关注性、可行性等进行专门的审查与讨论，并将其作为企业决策的重要考虑；

三 根据方案评价指标，从必尽责任、应尽责任、愿尽责任三方面对方案中基于社会责任视角的分析内容和对利益相关方或经济、社会、环境影响制定的实质性应对举措进行审查，对方案的总体目标、工作内容的争议点、有利／不利条件、所要达到的结果（影响）及其可能带来的新问题等细节内容进行讨论，确保社会责任融入企业决策，能够实现综合价值贡献最大化并使负面影响最小化。

社会责任推进部门作为决策推动者参加企业决策活动，对方案中涉及依法合规和利益相关方及经济、社会、环境影响内容的全面性、客观性、准确性、时效性等进行审查，并从社会责任专业视角，对方案中涉及的依法合规行为、回应利益相关方或经济、社会、环境影响的应对举措，从必尽责任、应尽责任、愿尽责任三个维度进行实质性、有效性评估，指出现有方案的不足，并提出改进建议。

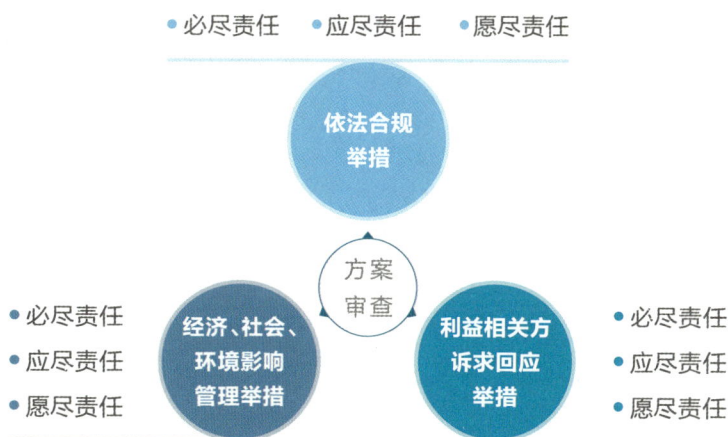

- 必尽责任　● 应尽责任　● 愿尽责任

依法合规举措

方案审查

必尽责任
应尽责任
愿尽责任

经济、社会、环境影响管理举措

利益相关方诉求回应举措

- 必尽责任
- 应尽责任
- 愿尽责任

工具 3-1 议题方案决策评估表

工具 3-2 社会责任推进部门参与决策会议反馈统计表

国网枣庄供电公司推动社会责任融入电网规划方案评审

社会责任融入电网规划方案评审对企业、利益相关方综合价值创造具有重要作用，能更好促进地方经济、社会、环境平衡、协调、可持续地发展。国网枣庄供电公司秉承"规划的节约就是最大的节约"理念，按照"服务社会经济发展走在前、研判电网需求预测走在前、接洽项目前期工作走在前、促推重点项目建设走在前"的"四个走在前"策略推动社会责任融入电网规划评审、设计。

在电网规划设计方案评审中，国网枣庄供电公司将利益相关方和经济、社会、环境影响的视角引入方案评审中，确保每项方案都能认真考虑政府部门、企事业单位、社区公众等利益相关方的重点诉求和对经济、社会、环境的影响，并按照综合价值创造最大化的原则进行方案筛选与决策，实现对利益相关方和经济、社会、环境负面影响最小化。

① **评审准备：制定评审计划、下发评审通知**
- 制定评审工作计划
- 确定评审专家，专业覆盖技术、法律、经济、管理、环境等领域
- 下发待评审资料

② **专家预审**
- 评审专家根据经济合理、技术可行、对利益相关方诉求和经济、社会、环境影响作出合理响应等相关要求开展预审，形成预审意见

③ **召开方案内审**
- 邀请评审专家、分管领导、社会责任推进部门参会
- 根据专家预审意见、社会责任推进部门建议等形成评审会纪要

④ **督促修改方案，校审修改设计文件**
- 督促编制人员根据评审会纪要修改规划方案
- 校审修改设计文件，校审不合格退回重新修改

⑤ **规划方案、设计文件完善、上报、资料归档**
- 形成上报文件
- 向主管部门提报设计报告文件
- 完善内部评审资料并归档

确定最佳方案

最佳方案的筛选标准分为前置性条件、规定性条件和综合性条件。其中，前置性条件是决定方案是否具备备选资格的门槛，指方案满足依法合规、技术先进、经济合理、实施可行、政策允许等基本要求，可以在实践中付诸行动。规定性条件是决定方案是否符合社会责任要求的最低标准，指方案有基于社会责任视角的分析，充分考虑利益相关方的期望和诉求，提出对利益相关方影响的实质性应对举措。综合性条件决定备选方案的优先级别，指方案能够实现的经济、社会、综合价值大小。

最佳方案筛选标准
- 前置性条件
- 规定性条件
- 综合性条件

评估方案

将各方案从前置性条件、规定性条件、综合性条件三方面标准的满足程度进行对比。如果方案不能满足前置性条件，则此方案终止；满足前置性条件，但不能完全满足规定性条件，可考虑终止方案或根据社会责任推进部门及决策委员会的建议，进一步完善方案；若前置性条件、规定性条件全满足，剩下的议题方案可根据综合性条件进行筛选。

确定备选方案

根据各个标准进行评分的总和为每种方案的最终得分，按照得分高低排列先后顺序，得分高的方案将被确定为优先备选方案。

识别潜在风险

评估议题及方案涉及的利益相关方影响和经济、社会、环境影响发生的可能性（高、中、低）及严重性（高、中、低），如果风险过高，则放弃此项备选方案，转而考虑下一个得分最高的备选方案。

方案评估与决策过程

制定考核指标

根据最终确定的方案，制定与方案目标相对应的，尽可能全面、系统、独立的绩效考核指标体系，考察决策过程中的依法合规性，经济、社会、环境价值，对利益相关方和经济、社会、环境影响的风险和社会责任有关考核指标是否与现实情况存在偏差，且各指标是否容易进行数据收集和统计。

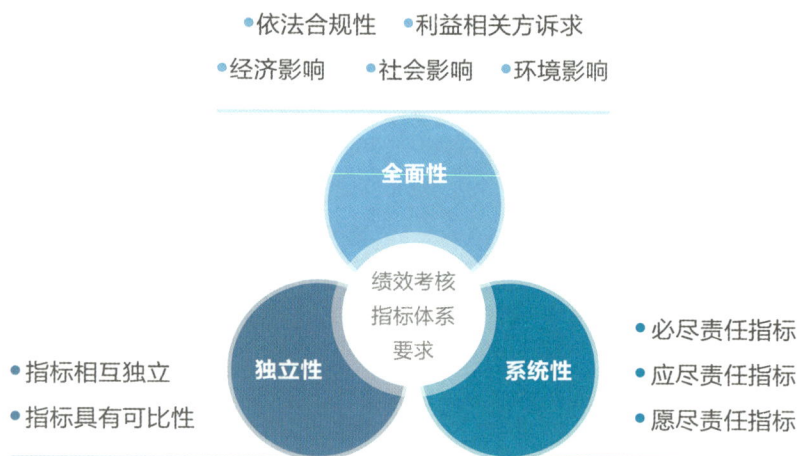

- 依法合规性 - 利益相关方诉求
- 经济影响 - 社会影响 - 环境影响

全面性

绩效考核
指标体系
要求

独立性   系统性

- 指标相互独立   - 必尽责任指标
- 指标具有可比性   - 应尽责任指标
                                      - 愿尽责任指标

工具 3-3 综合价值分析及社会责任风险评估表

执行与督办阶段

执行与督办阶段是指方案执行中充分落实涉及依法合规和利益相关方及经济、社会、环境影响的各项举措，并由方案推动者对议题方案的执行开展常态化督察、督办的过程。该阶段强调对利益相关方诉求的回应和社会责任推进部门对利益相关方及经济、社会、环境影响管理落实工作的督察督办。

制定实施方案

依据决策方案及依法合规性、利益相关方诉求及经济、社会、环境影响等方面的决策绩效考核指标，编制具体项目实施方案。实施方案包括项目实施背景、总体目标、阶段目标、技术路线图、实施步骤、团队分工等。在实施方案制定中，确保决策方案中涉及的利益相关方及经济、社会、环境影响的举措得到充分落实。

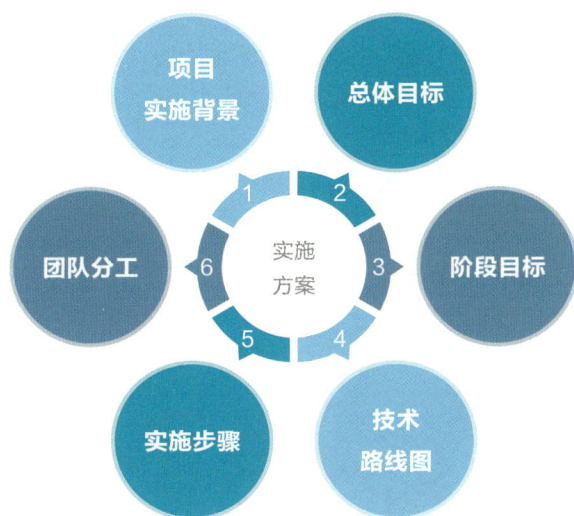

推进项目实施

召开项目启动会

组织内、外部利益相关方召开项目启动会，向相关方介绍社会责任融入决策的目的、依据及决策结果，明确项目目标与具体实施步骤、任务分配状况，提升内、外部利益相关方对实施方案的理解与支持，提高项目参与的积极性。

开展项目培训

邀请专业人员对项目实施有关内、外部利益相关方成员进行相应的培训，宣贯社会责任融入决策的意义和价值、操作方法及工具等内容，确保项目参与人员具备执行、落实决策项目方案的能力。

组织项目实施

根据项目实施方案，优化配置内外部资源，充分落实决策方案中涉及依法合规和利益相关方及经济、社会、环境影响的各项举措，并对项目实施质量与进度进行严格把控。

国网榆林供电公司合力共建煤矿采空区可靠用电环境

陕西榆林神木县地处东胜煤田腹地，县境内有各类煤矿 117 个，煤矿开采过程中受生产技术、开采工艺、管理水平等因素制约，形成大范围煤矿采空区，采空沉陷面积达 324 平方千米，涉及 9 个乡镇 200 余个村庄，严重影响到 3 万多农民的正常生产生活；煤矿采空区塌陷极易导致塔基沉陷、杆塔倾斜、塔材扭曲甚至倒杆断线，严重威胁着电力线路的安全稳定运行，制约地方经济发展。

国网榆林供电公司在决策制定过程中，引入利益相关方管理理念，从经济、社会、环境三方面梳理煤矿企业、政府、居民、供电公司、新闻媒体等利益相关方的多元化诉求；在决策实施过程中，充分发挥各方优势，推进联动合作，共建安全用电环境，实现经济、社会、环境等方面综合价值最大化。

- 制定煤矿采空区杆塔治理计划
- 对杆塔进行开采前基础加固纠偏治理
- 加强线路特殊巡视、隐患排查
- 必要时安排专人现场蹲点看护，做好应急抢修准备

- 电网工程建设尽量避开煤矿采空区
- 全力做好煤矿采空区的摸排与治理
- 与煤矿定期沟通，了解开采进度，督促安全治理
- 开采塌陷区共同管控，发现问题及时汇报处理

煤矿企业

供电公司

合力共建

政府

新闻媒体

居民

- 定期沟通，与供电公司共同商讨制定治理方案
- 加大地质勘测，相关信息及时报送供电公司
- 加强实施监督

- 加强煤矿采空区造成社会危害和危及生命财产安全的典型事件传播，力促社会各方关注

- 接受电力设施保护知识宣传
- 发现采空区隐患第一时间告知供电公司

项目督察督办

○ 确定需督察督办事项

督察督办事项主要包括决策议题方案中涉及依法合规、利益相关方和经济、社会、环境影响的举措的落实情况，对利益相关方的关注情况及社会责任推进部门的意见在督察督办中得到实质性采纳的情况等。

○ 交办、督办与催办

决策推动者将督察督办事项分配给各执行部门、相关方等具体落实，并督促有关部门及相关方执行落实，要求做到任务量化、时限具体化、责任明确化。该阶段注重推动社会责任推进部门参与督察督办工作，重点督察决策议题方案中涉及依法合规、利益相关方和经济、社会、环境影响的举措是否得到落实，并提出改进建议。

在督察督办工作过程中，决策推动者要根据不同工作内容运用不同的形式，对方案执行单位的工作进展和落实情况进行普遍检查和重点抽查。

在督办完成时限前，督办人员需要根据情况致电或走访执行部门催办。

○ 办结、反馈并归档

实施方案执行单位在工作任务完成后及时回复决策方案落实情况。督办人员对实施方案执行单位的依法合规情况、利益相关方诉求回应情况及经济、社会、环境影响管理情况进行检查，按照交办时所提的要求，对不符合交办要求的，要退回执行单位补办或重办；对符合交办要求的，执行单位继续总结编制工作进展报告和督察督办报告，注重对利益相关方影响方面的信息披露，最后将报告呈报决策领导者、推动者阅知并进行归档。

项目总结

项目结项时，对实施方案执行情况从依法合规性、技术指标、经济指标、社会指标、环境指标等方面进行综合评价，并撰写项目执行总结报告，对决策方案实施过程中利益相关方期望与诉求及对经济、社会、环境的影响进行重点关注和回应。

case 国网甘肃电力"比邻"综合服务平台让偏远地区近如比邻

国网甘肃电力主动将社会责任管理融入决策过程中，为解决偏远地区沟通不畅引发的客户满意度低、投诉多、体验差等问题提供创新思路。

在问题分析及方案决策前，融入外部视野，主动识别核心利益相关方，开展诉求调研、优势资源分析；决策中，综合考虑利益相关方诉求及当前工作可能产生的经济和社会影响，建立"比邻"综合服务平台，加强社会沟通、促进各利益相关方参与、提高信息透明度；决策后，从利益相关方识别与诉求分析、方案制定、作出决策、决策方案执行过程中对利益相关方诉求的回应及产生的经济社会影响等方面，系统总结提升决策方案试点实施、印证、改进、完善等过程中的典型经验，固化形成以供电服务为基础的偏远地区综合服务"三层圈"工作创新模式，彰显国网甘肃电力注重利益相关方参与、追求综合价值最大化的社会责任理念，增进了政府、客户、员工、合作伙伴等利益相关方对供电服务工作的理解和支持。

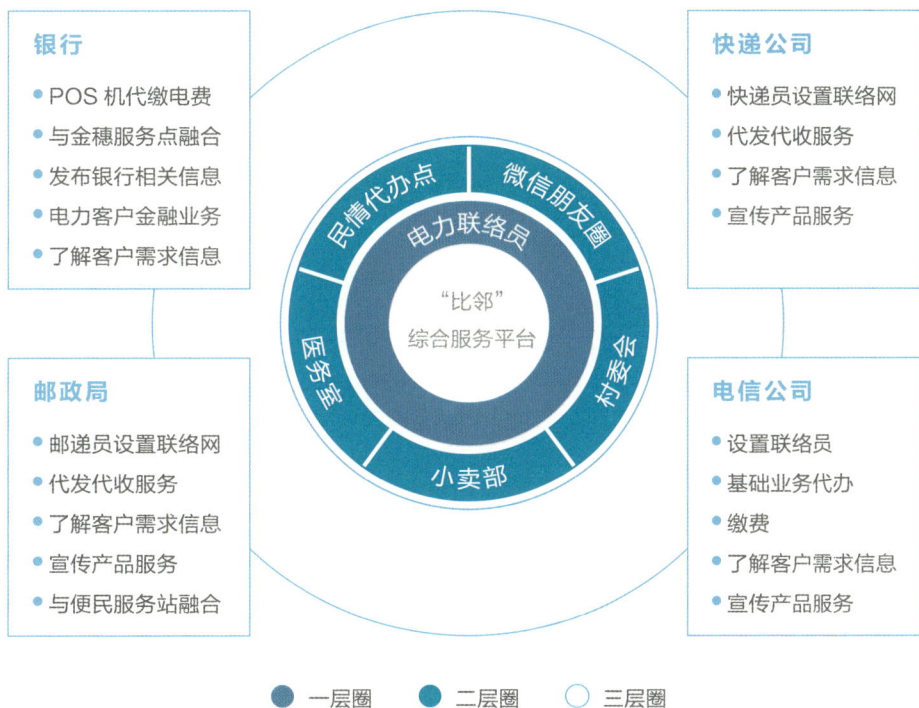

银行
- POS 机代缴电费
- 与金穗服务点融合
- 发布银行相关信息
- 电力客户金融业务
- 了解客户需求信息

快递公司
- 快递员设置联络网
- 代发代收服务
- 了解客户需求信息
- 宣传产品服务

邮政局
- 邮递员设置联络网
- 代发代收服务
- 了解客户需求信息
- 宣传产品服务
- 与便民服务站融合

电信公司
- 设置联络员
- 基础业务代办
- 缴费
- 了解客户需求信息
- 宣传产品服务

民情代办点　微信朋友圈　电力联络员　"比邻"综合服务平台　医务室　村委会　小卖部

● 一层圈　● 二层圈　○ 三层圈

🔧 **工具 4-1** 项目实施评价表

评估与考核阶段

评估与考核阶段是指决策领导者、推动者对决策方案的实施效果进行全面、系统的评估与考核，从社会责任角度发现决策方案执行落实过程中的不足与差距，针对决策管理全流程总结经验与教训，提供改进建议或计划，促进企业社会责任融入决策管理持续改进提升的过程。

评估、考核决策方案实施效果

发现决策管理过程的不足与差距

评估与考核

提出社会责任融入决策管理改进建议与计划

总结决策管理经验与教训

绩效评估与考核

根据决策会议中确定的决策方案绩效考核指标体系和项目实施实际进展情况，从一次上会通过率、决策结果执行率、价值贡献度等方面衡量项目实施对预期目标的实现程度，以及项目实施对利益相关方产生的价值、效益变化。

🔧 **工具 5-1** 决策绩效考核表

🔧 **工具 5-2** 前后对比表

项目总结

总结评估决策方案目标完成情况，撰写项目总结报告，针对决策管理全流程进行经验总结，发现决策方案落实过程中的不足与差距，提出改进建议或优化改进方案，指导其他社会责任融入决策管理活动更加有序开展。

3 机制篇

社会责任融入决策管理组织建设

社会责任融入决策管理制度建设

社会责任融入决策管理能力建设

社会责任融入决策管理组织建设

组织建设是推动社会责任融入决策管理的基础保障。立足与现有社会责任组织管理体系的有机融合，建立系统的覆盖各个管理层级和内外部利益相关方的社会责任融入决策管理组织体系，即决策领导小组、决策推进小组、决策执行小组、决策协助小组和社会责任专家小组的基本架构，为推进社会责任融入决策管理提供坚强的组织保障，实现领导管控、执行推进、监督、考核、研究"五到位"。

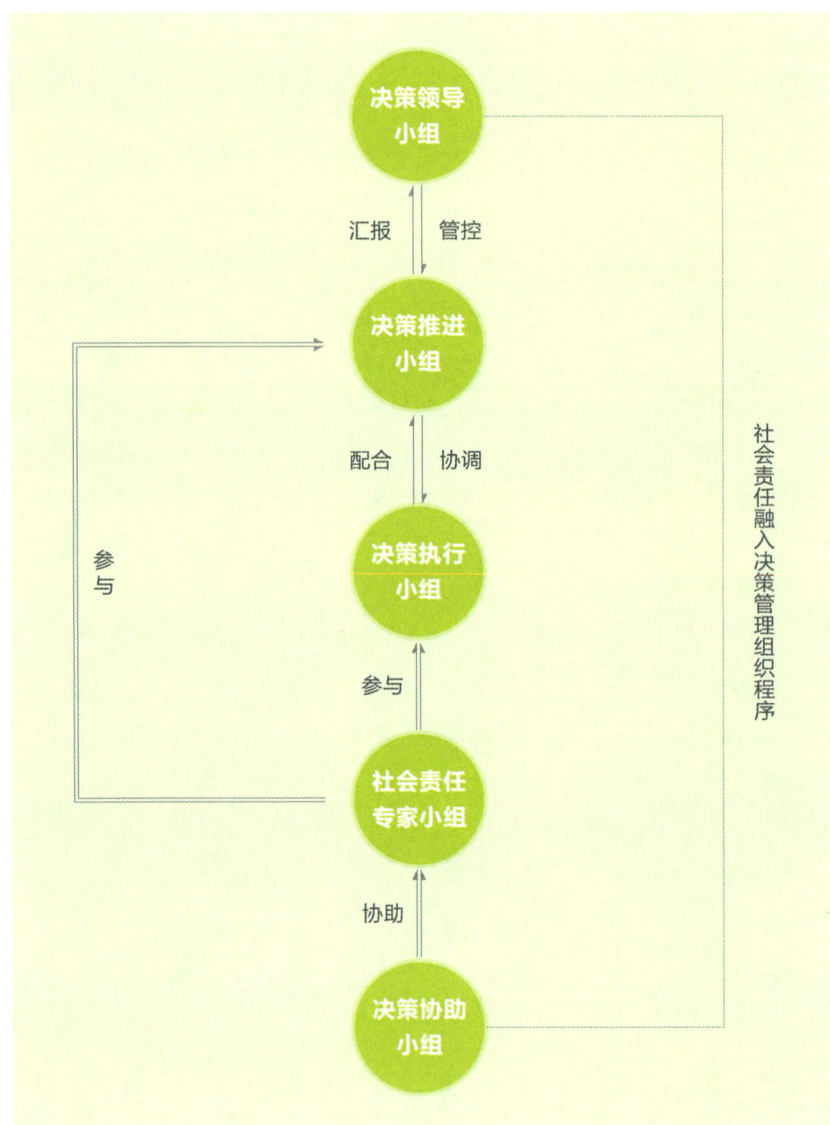

决策管理组织结构及职责、分工表

小组名称	成员	职责	任务
决策领导小组	企业管理层，决策制定层或业务部门、职能部门负责人	总负责	负责总体统筹规划与推进
决策推进小组	负责社会责任的相关部门及人员	协调	负责决策资源统筹和模式推广
决策执行小组	业务部门或职能部门成员	执行	配合参与实施具体活动
决策协助小组	利益相关方代表（客户、政府部门、合作伙伴、媒体等）	协助	从各方利益出发为决策提供意见
社会责任专家小组	外部社会责任专家	参与	从社会责任专业角度提供建议

社会责任融入决策管理制度建设

社会责任融入决策管理制度是规范各项决策会议流程，实现企业决策管理制度化、规范化、民主化、科学化、常态化的重要工具。建立健全社会责任融入决策管理制度体系，从议题选择提交、方案制定、作出决策、执行与督办、评估与考核等方面完善相关制度规范。建立社会责任融入决策管理模式推广试点制度，打造形成企业推进社会责任融入决策管理的长效机制，确保决策管理综合价值最大化。

国网枣庄供电公司结合社会责任理念修订总经理办公会会议制度

国网枣庄供电公司为实现决策管理的制度化、规范化、民主化、科学化，以企业的高层决策机制——总经理办公会作为社会责任融入决策管理的切入点，按照决策、组织、实施、监督、保障"五分法"，将责任理念纳入决策流程，从源头推动社会责任融入日常运营。制定总经理办公会会议制度，明确了供电公司领导、办公室及各部门的管理职责，规定了会议内容、准备、召开、决策执行、督办归档等会议管理内容，并对会议决定事项、监督落实情况的检查与考核提出要求，提升了企业全面社会责任管理能力与水平。

国网枣庄供电公司还将总经理办公会决策管理模式向党委会、工会委员会、团委会、车间会议等不同层次的决策会议推广延伸，形成将社会责任管理理念融入决策管理的会议制度，使供电公司上下决策将充分考虑、平衡利益相关方的需求，由自选动作变为规定动作，实现社会责任融入决策管理的全面推行。

山东电力集团公司枣庄供电公司文件

枣电办〔2012〕364 号

关于印发《枣庄供电公司
总经理办公会会议制度（试行）》的通知

公司所属各单位：

为规范公司总经理办公会会议程序，提高履行社会责任的能力和水平，实现公司决策的制度化、规范化、民主化、科学化，确保决策综合价值最大化，特制定《枣庄供电公司总经理办公会会议制度（试行）》，现予以印发，请遵照执行。

山东电力集团公司枣庄供电公司
2012 年 12 月 4 日

— 1 —

社会责任融入决策管理能力建设

根据决策领导小组、推进小组、执行小组、协助小组等成员的社会责任认知水平，通过自主学习、内外部专家培训、体验式培训等多种方式，提升决策管理相关人员的社会责任意识、社会责任融入决策管理的操作技能。持续深化企业社会责任融入决策管理研究与交流，借鉴其他企业社会责任融入决策管理优秀实践与成功经验，为推动国内企业社会责任融入决策管理理论与实践发展作出贡献。

自主学习

社会责任
理念导入

内外部
专家培训

社会责任融入决策管理能力建设方式

社会责任融入决策管理能力建设内容

意识提升

体验式
培训

工具方法
传授

工具篇

4

- ⚒ 议题选择提交工具包
- ⚒ 方案制定工具包
- ⚒ 作出决策工具包
- ⚒ 执行与督办工具包
- ⚒ 评估与考核工具包

议题选择提交工具包

🔧 工具 1-1 决策议题合法性审查表

决策议题合法性审查表	
议题名称：	报送部门：
提交会议讨论决策主要内容	
决策事项类别	☐ 重大事项　　☐ 大额度资金使用 ☐ 重要人事任免　☐ 其他＿＿＿＿＿ ☐ 重大项目安排
决策会议形式	年　月　日
决策程序	☐ 决策准备阶段　☐ 决策执行和后评估阶段 ☐ 决策阶段
法律初审意见	年　月　日
社会责任初审意见	年　月　日
会办部门意见	年　月　日 年　月　日 年　月　日 年　月　日
办公室审查意见	☐ 党委会 ☐ 总经理办公会
法律顾问意见	年　月　日

注：① 该表为提交党委会、总经理办公会的必要材料，由部门提出，并会同法律、社会责任管理部门分析填写；

② 该表设置外部审查环节，由法律顾问给出综合性审查意见。

工具 1-2 社会责任"企业优势 - 利益相关方关注度"矩阵

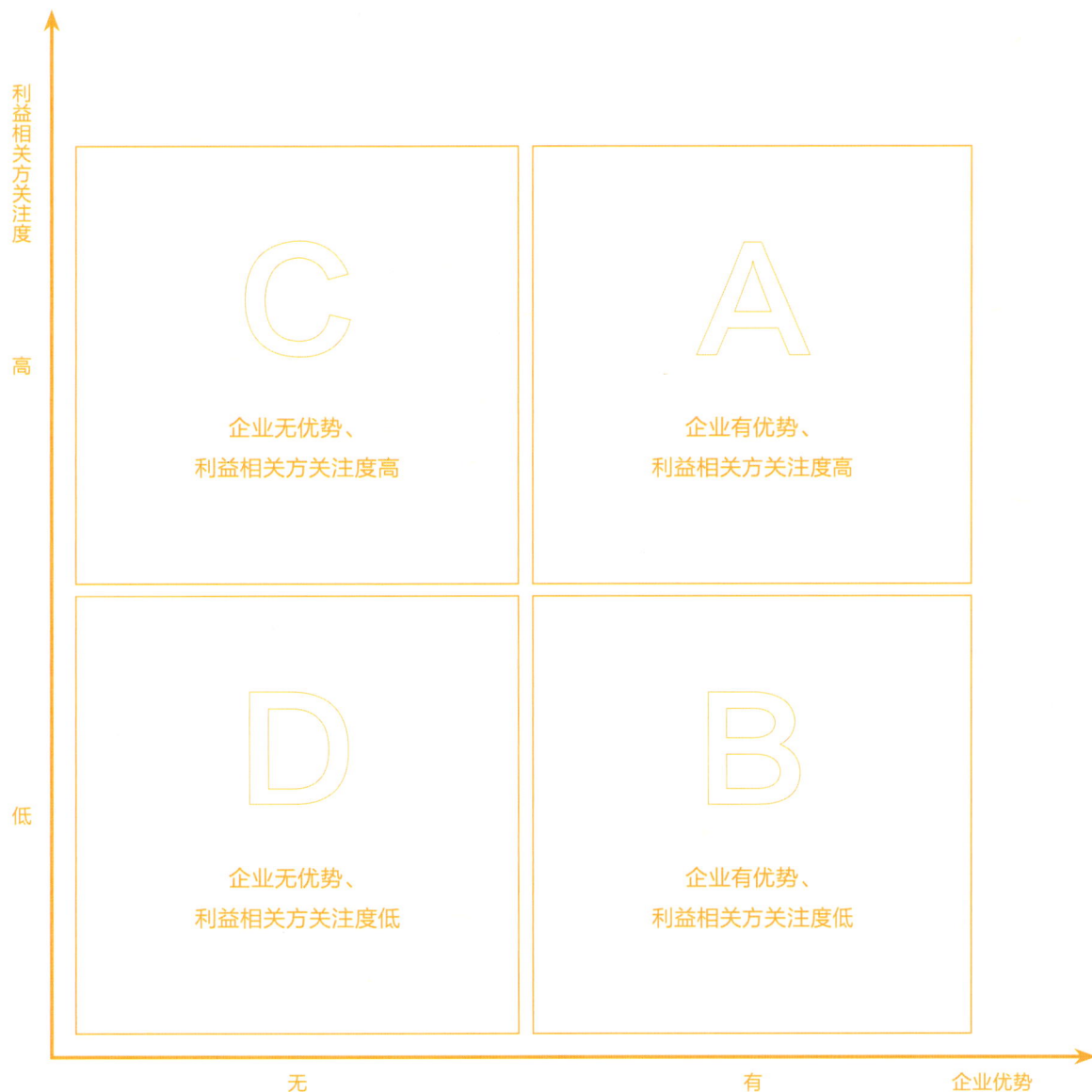

利益相关方关注度

高

C
企业无优势、
利益相关方关注度高

A
企业有优势、
利益相关方关注度高

低

D
企业无优势、
利益相关方关注度低

B
企业有优势、
利益相关方关注度低

无　　　　　　　有　　　企业优势

工具 1-3 社会责任"综合价值 – 社会关注度"矩阵

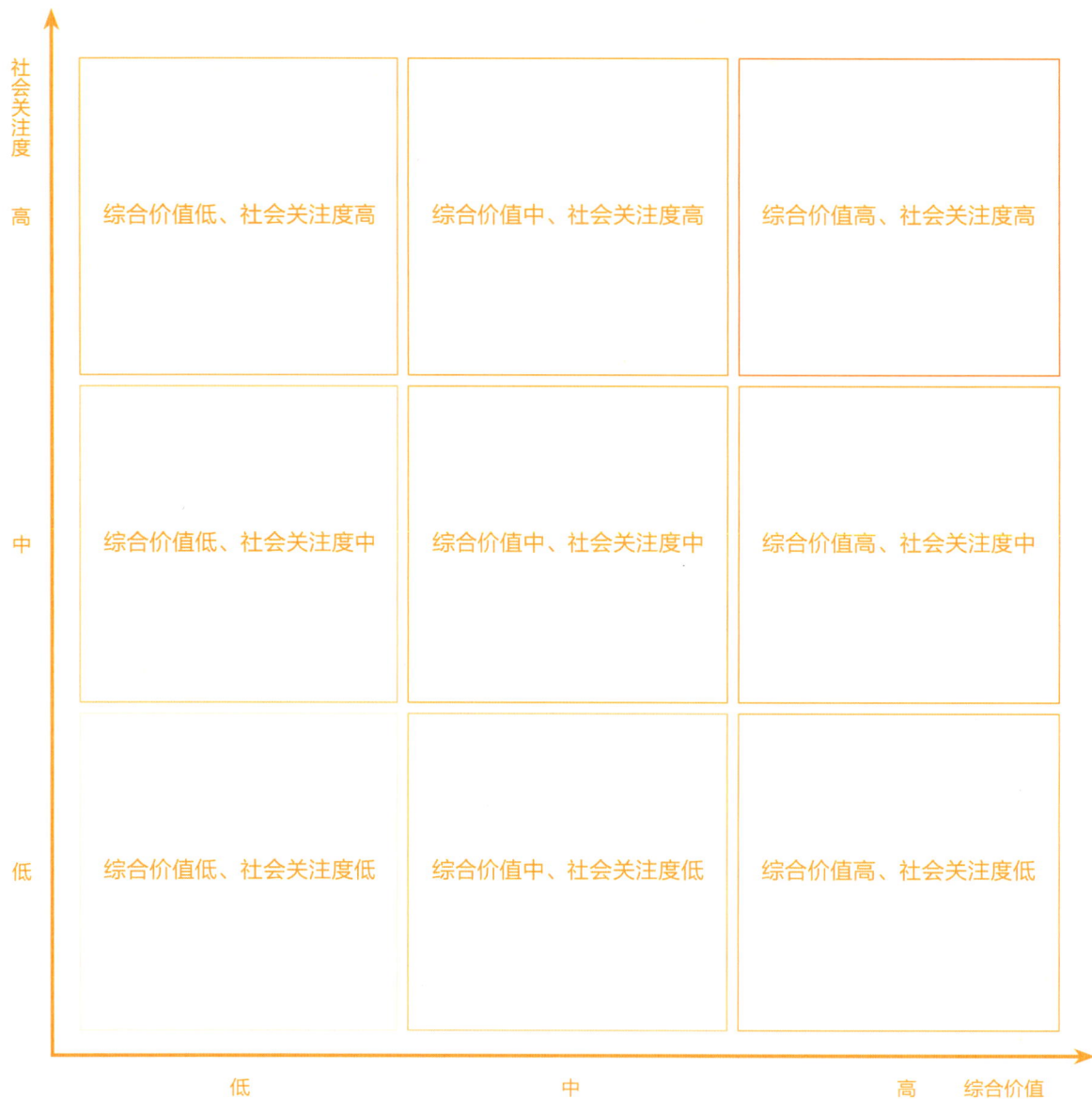

社会关注度 高	综合价值低、社会关注度高	综合价值中、社会关注度高	综合价值高、社会关注度高
中	综合价值低、社会关注度中	综合价值中、社会关注度中	综合价值高、社会关注度中
低	综合价值低、社会关注度低	综合价值中、社会关注度低	综合价值高、社会关注度低
	低	中	高 综合价值

工具 1-4　议题必要性评估表

议题必要性评估表

议题名称：＿＿＿＿＿＿＿＿＿＿＿＿＿＿＿＿＿＿＿　单位：＿＿＿＿＿＿＿＿＿＿＿＿＿＿＿＿

分类		主要因素	备注
依法合规	国家法律	1. 2. …	
	行业规定	1. 2. …	
	企业规章	1. 2.	
符合政策	国家政策	1. …	
	行业政策	1. …	
	地方政策	1.	
实现企业效益	经济效益	1. …	
	社会效益	1. …	
	环境效益	1.	
其他因素			
综合评估意见			年　月　日
委员会签字栏			

填报人：＿＿＿＿＿＿＿　联系电话：＿＿＿＿＿＿＿　填报日期：＿＿＿＿＿＿＿　审批人：＿＿＿＿＿＿＿

工具 1-5 议题重要性评估表

议题重要性评估表

议题名称：_____ 单位：_____

分类		主要因素	备注
对企业战略发展重要性	企业层战略	1. 2. …	
	业务层战略	1. 2. …	
	职能层战略	1. 2. …	
	…	1. …	
对利益相关方重要性	政府	1. …	
	客户	1. …	
	社区	1. …	
	…	1. …	
其他因素			
综合评估意见		年　月　日	
委员会签字栏			

填报人：_____ 联系电话：_____ 填报日期：_____ 审批人：_____

方案制定工具包

🛠 工具 2-1　调查问卷

调查问卷的设计要求		
序号	**要求**	**具体内容**
1	弄清调查目的	问卷调查主要是获取结构化、定量化的信息，便于掌握被调查者总体的状态分布、趋势、态度和倾向等。在设计问卷之前，要首先明确该调查的目的是什么，该调查要获取的主要信息是什么，再依据目的确定调查对象、问题假设和答案设置
2	明确调查对象	根据调查的目的，再确定问卷需要涉及调查对象的范围，是多个利益相关方还是某一类利益相关方。在问卷设计之前，最好能与个别利益相关方进行面对面的沟通，以熟知利益相关方的沟通习惯和对问题的基本态度
3	提出问题假设	在问卷设计之前，首先要根据本次调查的目的和调查对象提出问题假设。例如要了解利益相关方对企业信息传播的接受情况，就需要提前假设不同年龄段的人对信息获取的渠道有不同的偏好；要了解利益相关方对企业某项工程的支持态度，就需要提前假设不同类型的利益相关方受到工程不同影响态度也会随之发生变化等
4	设置问题和选项	依据问题假设设计具体的问题和每个问题的答案选项。问题要简单、明确、不能让填写者产生歧义；问题要服务于调查的目的，服务于决策方案的研究。对答案的设置通常以选择题为主，个别信息为填空题。选择题中的答案设置要全面、中立、逻辑分明，避免重复、混淆和误导
5	其他格式要求	调查问卷之前要有一小段开篇说明，向被调查者讲明本次调查的目的和希望得到的配合等；开篇说明之后需要有一段填表说明，告诉填表人基本的填表要求和注意事项；每份问卷应设置相应的编号以便后期整理；对每个问题和选项也应设置相应的编号，以方便后期的录入和统计

利益相关方反馈调查问卷

尊敬的_____:

您好!

供电企业的一些决策可能影响到您生产生活的体验,我们致力于通过决策的不断优化调整,逐步消除存在的不利影响,不断提升决策带来的经济、社会、环境的积极贡献。为此,我们诚挚邀请您对我们本次决策进行外部感知评价,以便促进供电业务的各个环节决策能力和水平的提升,让您安全、舒心地用电。

国网 × × 供电公司

年　月　日

您属于下列哪些利益相关方?

A 政府及有关部门　　　B 社会团体组织　　　C 行业媒体　　　D 社会公众　　　E 研究机构
F 供应商　　　　　　　G 合作伙伴　　　　　H 客户　　　　　I 员工　　　　　J 其他

_____项目是否充分考虑并满足您的诉求?

□ 充分考虑且充分满足　　　□ 考虑且满足
□ 考虑但并未满足　　　　　□ 未考虑且未满足

对于_____项目,您还有什么意见或者建议?

_____

_____

_____

_____

联系人:_____　　联系方式:_____

注:① 该表用于决策后评估,充分向决策所涉及的利益相关方获取感知评价,通过外部力量的参与反馈,实现企业内部决策的管理优化,促进企业与社会目标的统一可持续;

② 该表由决策执行部门在决策执行结束后一周内向决策涉及的利益相关方发放;

③ 该表在发放时,应配套提供决策议题的落实情况。

工具 2-2　访谈提纲

		访谈提纲的设计要求
序号	要求	具体内容
1	访谈目的	访谈的目的主要是了解被调查者对决策所涉及问题的看法、态度和意见，以便共商解决问题的思路和办法，为策划与实施奠定基础。访谈相比问卷调查，可以挖掘更加深入更加生动的信息
2	访谈对象的选择	鉴于访谈的目的，访谈对象选择应该满足以下几项原则： **利益相关方法则：** 访谈对象必须是对决策有着核心利益关系的人，主要包括两类：一类是受到决策直接影响的个人或团体；另一类是可以给决策提供支持和协助的个人或团体。 **最佳知情人原则：** 访谈对象尽量选择利益相关方中最具知情权的人，以便给项目决策最为清晰、准确和全面的信息。 **最具影响力原则：** 访谈对象尽量选择在被调查群体中具有一定话语权和影响力的人，以便后续决策推进的顺畅
3	访谈题目的设置	访谈的题目应紧密围绕访谈的目的来设置；访谈具有较强的开放性，更多的时间是留给被访谈对象去表达和交流；访谈的题目应该简洁但切中要害，每一道题目要了解哪些信息、了解到怎样的程度等都需要提前有预判。此外，访谈题目的顺序安排要符合从前往后、从浅入深、从主线到支线的话题讨论的逻辑和程序
4	访谈过程中的调整和变化	访谈提纲往往不能全面覆盖访谈要了解的信息，随着访谈的深入进行，可能会产生很多新的观点、信息和情况，访谈者应及时应变，根据最新了解的情况提出新的问题，追根溯源，引导访谈对象提供更多、更全面的信息。此外，访谈对象思维有时会过于发散，将很多时间浪费在与项目无关的问题上，访谈者也应把控好现场的节奏，及时引导访谈对象将话题回到与项目相关的事情上

工具 2-3 关键利益相关方分析和沟通统计表

关键利益相关方分析和沟通统计表

议题名称：_____　　报送单位：_____

关键利益相关方	主要诉求	优势分析	沟通／合作方式

沟通时间	沟通议题	沟通方式	地点	利益相关方参与证明

填报人：_____　　联系电话：_____　　填报日期：_____

注： **关键利益相关方**是指议题将影响或受其影响的利益相关方，主要包括上级单位、政府、监督机构、客户、员工、伙伴、环境、社区等。

利益相关方参与证明，例如利益相关方代表签字、现场沟通照片、沟通记录（如工作汇报、通告、邮件、微信记录等）。

🛠 工具 2-4 头脑风暴流程表

头脑风暴流程表			
时间		**地点**	
主题			
会议准备	人员组成	组织者	
		参加者	
		记录员	
	材料准备		
会议过程	会议开始	记录员宣布头脑风暴会议基本原则，即完全开放式的讨论和研究。不轻易对某个观点下结论，要延迟评判、延迟评价	
	会议中	1. 会议组织者引导大家以任意次序自由发言、自由想象，彼此相互启发、互相补充； 2. 会议组织者根据大家发表的观点，及时进行梳理，对所讨论的话题及时进行引导； 3. 根据实际情况对不同的方案进行交叉，进行汇总整理，提出新观点	
	会议总结		

工具 2-5　项目方案制定表

项目方案制定表		
表达维度	**维度细分**	**应对举措**
经济	直接经济价值	
	间接经济价值	
社会	为客户创造价值	
	为伙伴创造价值	
	为员工创造价值	
	为社区创造价值	
	公益慈善	
	安全生产运营	
环境	环境管理	
	推动节能减排	
	促进绿色发展	
	生态环境保护	

工具 2-6 方案可行性评估表

方案可行性评估表

议题名称：_____　　单位：_____

分类		主要因素	利益相关方	备注
技术分析	有利因素	1. 2. …		
	不利因素	1. 2. …		
经济影响	有利因素	1. …		
	不利因素	1. …		
社会影响	有利因素	1. …		
	不利因素	1. …		
环境影响	有利因素	1. …		
	不利因素	1. …		
其他因素				
综合评估意见		年　月　日		
委员会签字栏				

填报人：_____　联系电话：_____　填报日期：_____　审批人：_____

作出决策工具包

工具 3-1 议题方案决策评估表

议题方案决策评估表

分类		必尽责任指标 （1~5 打分）	应尽责任指标 （1~5 打分）	愿尽责任指标 （1~5 打分）	备注
依法合规性	有利因素				
	不利因素				
技术分析	有利因素				
	不利因素				
经济影响	有利因素				
	不利因素				
社会影响	有利因素				
	不利因素				
环境影响	有利因素				
	不利因素				
其他因素					
综合评估意见					
决策委员会（签字）					

工具 3-2 社会责任推进部门参与决策会议反馈统计表

社会责任推进部门参与决策会议反馈统计表

方案	不足		改进建议	建议采纳情况（是／否）
议题及方案	依法合规			
	利益相关方和经济、社会、环境影响分析	全面性		
		客观性		
		准确性		
		时效性		
		...		
	应对举措分析	必尽责任		
		应尽责任		
		愿尽责任		

工具 3-3 综合价值分析及社会责任风险评估表

综合价值分析及社会责任风险评估表

议题名称：　　　　　　　　　　　　报送单位：

分类	社会责任价值	社会责任风险	结论
依法合规方面	□ 遵守法律法规规定的责任和义务 □ 防范决策的法律风险 □ 其他	□ 因违规产生诉讼、仲裁及其他纠纷问题 □ 其他	
经济方面	□ 完成上级主管部门交付的任务 □ 提高经营收入 □ 节约日常管理、建设、运维或服务成本 □ 提升品牌美誉度 □ 其他	□ 无法按期、按质完成工作 □ 发生经济赔偿或其他额外经济投入 □ 发生大量投诉或产生重大影响舆情 □ 其他	
环境方面	□ 节约资源、能源的使用 □ 预防或减少废气、废水、废渣、噪声、电磁辐射等污染 □ 推动可持续资源利用，促进"两个替代" □ 保护生物多样性 □ 美化当地自然环境 □ 提升社区环保意识 □ 其他	□ 产生废气、废水、废渣、噪声、电磁辐射等污染 □ 造成资源、能源的浪费 □ 影响动植物种保育，破坏自然栖息地 □ 其他	
社会方面	□ 提升供电服务 □ 带动伙伴进步 □ 提升当地居民就业能力 □ 促进当地教育和文化事业 □ 提升当地健康水平 □ 其他	□ 无法满足日常生活、生产的用电需求 □ 员工健康安全隐患 □ 客户健康安全隐患 □ 供应商工人健康安全隐患 □ 影响社区稳定和发展 □ 发生腐败行为及不正当竞争 □ 其他	

利益相关方反馈（项目执行结束后一周内填写）：

社会责任绩效考核总结评估（基于决策讨论会上商定的考核指标，项目执行结束后一周内填写）：
考核指标 1：
考核指标 2：
……
总结：

填报人：＿＿＿＿＿＿＿　　联系电话：＿＿＿＿＿＿＿＿＿

注："社会责任价值"一栏由项目报送单位在选题立项时填写。

　　"社会责任风险"一栏由总经理办公会讨论中填写。

　　利益相关方是指议题将影响或受其影响的关键利益相关方，主要包括上级单位、政府、监督机构、客户、员工、伙伴、环境、社区等。

执行与督办工具包

工具 4-1 项目实施评价表

项目实施评价表				
分类		**主要因素**	**利益相关方**	**备注**
依法合规性	优势指标			
	劣势指标			
技术指标	优势指标			
	劣势指标			
经济指标	优势指标			
	劣势指标			
社会指标	优势指标			
	劣势指标			
环境指标	优势指标			
	劣势指标			
其他指标				
综合评估意见				
决策委员会（签字）				

填报人：_____ 联系电话：_____ 填报日期：_____ 审批人：_____

注： **利益相关方**是指议题将影响或受其影响的关键利益相关方，主要包括上级单位、政府、监督机构、客户、员工、伙伴、环境、社区等。

审批人是指填报部门负责人。

评估与考核工具包

🔧 工具 5-1 决策绩效考核表

序号	议题名称	上会时间	一次上会通过率	决策结果执行率	价值贡献度	考核意见	备注
总计							

填报人：_____　　审批人：_____

注：　**一次上会通过率**是指针对某项议题，是否只召开一次总经理办公会议就通过了议题方案。各项议题如一次上会通过，填写"1"，如不是填写"0"，汇总计算一次上会通过率（一次上会通过的决策议题次数 ÷ 决策议题总次数）。

　　决策结果执行率是指议题方案计划范围内，是否有效完成决策任务。各项议题如在计划范围内完成决策任务，填写"1"，如不是，填写"0"，汇总计算决策结果执行率（决策任务完成次数 ÷ 决策总次数）。

　　价值贡献度是将议题决策的成效可感知化，突显议题决策可能对利益相关方产生的经济、社会、环境的有利影响，减少其可能产生的对经济、社会、环境不利影响。该指标由议题提交部门（单位）自行选取定量或定性指标，可以是议题相关数据指标，也可以是利益相关方在公开场合对议题决策的反馈（可以填写好、良好、一般、差）。

工具 5-2　前后对比表

前后对比表		
决策管理前期预测情况	决策管理完成后实际情况	差距
目标		
投入		
产出		
效果、影响		
……		

案例篇

5

案例一

国网枣庄供电公司推动社会责任管理优化总经理办公会决策管理

问题

国网枣庄供电公司决策管理的主要形式有总经理办公会、党委会、职工代表大会等，其中总经理办公会是企业高层决策机制。原有总经理办公会没有对企业决策在经济、社会、环境方面的目标和影响进行有效管理，没有充分认识到企业的重大决策在供电公司之外，对于一些涉及外部利益相关方的决策，没有很好地发挥外部利益相关方的参与作用，不能很好地适应枣庄经济社会快速发展对供电服务品质的新要求。国网枣庄供电公司作为国家电网有限公司全面社会责任管理试点单位，将总经理办公会作为改进决策管理的切入点，主动查找利益相关方参与决策过程的"短板"环节，引入社会责任理念，从决策目标、决策计划、决策评估、决策改进等方面改进原有决策方式，对企业决策进行基于外部需求的系统管理。

解决方案

重塑决策价值。国网枣庄供电公司在推进全面社会责任管理的进程中，优化决策管理，一方面保证社会责任管理工作从源头做起，从领导做起，实现从根本上促进社会责任理念的融入。另一方面用全面社会责任管理理念重新梳理和优化决策管理，填补短板，实现管理提升。

决策管理目标从追求以利润为核心的财务价值最大化，转向追求经济、社会、环境综合价值最大化。决策管理对象从企业内部人、财、物，拓展到外部利益相关方的资源、能力和潜力等。决策管理机制从注重实现企业内部资源的优化配置，转向注重促进社会资源的更优配置。国网枣庄供电公司逐步转变工作视角，将利益相关方和社会期望要求作为决策议题选择的重要参考，将追求经济、社会和环境综合价值最大化作为决策评估标准，确保决策不但考虑依法合规、技术可行、经济合理、能力可及，而且考虑社会认可、生态友好、价值优越。

优化决策流程。 从议题选取、议题分类、方案编制、决策实施、决策评估五个阶段对总经理办公会决策流程进行优化。使决策更加充分考虑利益相关方参与及透明度的提升，使决策过程更加注重收集社会和环境的影响信息，决策方案更加充分考虑社会和环境的制约因素。

成立社会责任委员会，明确委员会成员和职责，为社会责任融入决策管理提供组织保障。社会责任委员会对社会责任工作进行评估、评价和改进，从社会责任专业角度对决策进行把关，促进供电公司社会责任能力和水平的提升，推进全面社会责任管理真正融入供电公司决策。

议题选取
增设自评估环节，优先选取对供电公司发展及利益相关方产生重大影响的决策议题

① 议题分类
对选取的决策议题按照与利益相关方的关联度进行分类。针对与利益相关方关联度较高的议题，增强与利益相关方沟通力度，了解利益相关方的需求，将利益相关方的需求作为议题方案制定的重要考量因素。针对与利益相关方关联度较低、涉及企业内部经营管理的议题，增强议题方案制定的严谨性、科学性

② 方案编制
由社会责任委员会对议题方案的制定从专业和社会责任等方面进行评估，确保议题方案充分考虑社会责任因素，较好地平衡了经济技术可行，社会环境影响及利益相关方需求等因素

④ 决策实施
由社会责任委员会对会议确定的决策实施情况进行跟踪，确保决策内容到位，执行得力，实现综合价值最大化

决策评估
由社会责任委员会对议题方案的制定和执行进行综合评估，推动决策持续改进

决策流程重点优化的五个阶段

决策	执行		利益相关方	
	组织	实施	监督	保障

会前

开始 → 满足利益相关方诉求（否）

自评估 / 可行性评估表 ← → 综合评估 / 可行性评估表（是）

议题选定 ← 议题汇总 ← 自评估

会中

上会讨论 ← 议题方案

是否通过（否 / 是）→ 组织实施 → 评估反馈 → 实施评估 / 实施评价表

会后

是否需要改进（否 / 是）

绩效考评 / 决策绩效考核表 ← 总结考评 / 决策绩效考核表 ← 优化方案

结束

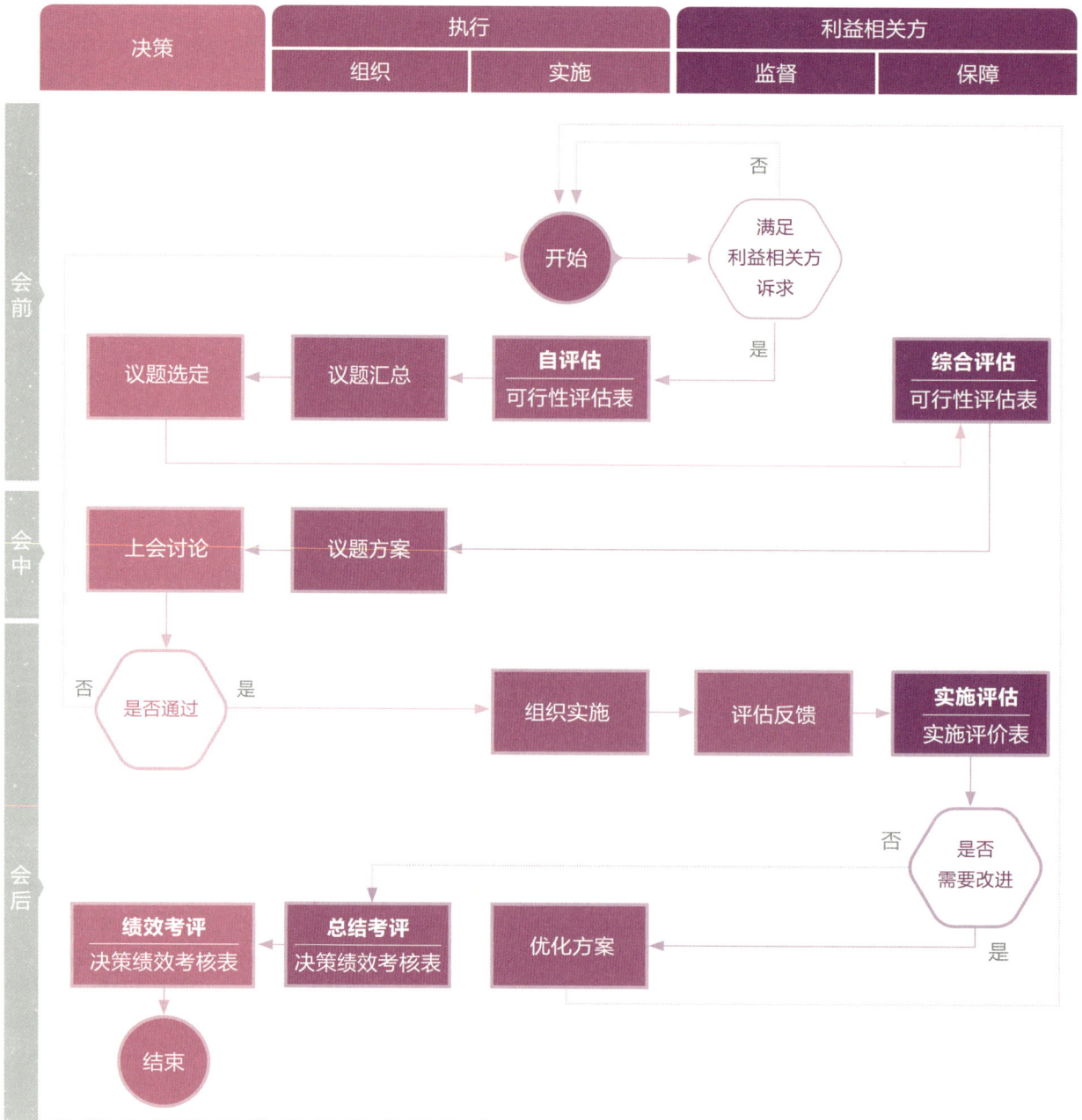

总经理办公会决策流程图

加强过程管控。 加强关键节点管控，建立信息收集与反馈机制，保证决策实施的有效性。总经理办公会按照决策、组织、实施、监督、保障"五分法"进行全过程管理，明确各自责任和关系，重点加强监督和保障两个管控环节。

决策管理"五分法"

1 决策
2 组织
3 实施
4 监督
5 保障

强化绩效考核。 通过设定管理指标，以衡量社会责任融入决策管理的成效和价值，推动企业的每项决策、每项业务的开展都能够考虑综合价值最大化。增设"一次上会通过率""决策结果执行率""价值贡献率"等决策管理指标，重视收集决策及执行的成效指标，体现决策的综合价值创造能力、社会认可、利益相关方信任和品牌美誉度等综合绩效。

推广决策管理模式。 将总经理办公会决策管理模式向党委会、工会委员会、团委会、车间会议等不同层次的决策会议推广延伸，形成将社会责任管理理念融入决策管理的会议制度，使供电公司上下决策充分考虑、平衡利益相关方的需求由自选动作变为规定动作，实现社会责任融入决策管理的全面推行。

成效

通过将社会责任融入企业决策管理，形成了充分考虑利益相关方参与的科学决策机制，保证利益相关方参与推动了企业运营的透明和道德，充分展示了企业的履责表率形象。2017 年，国网枣庄供电公司在全省率先试运行供电服务指挥中心，客户响应及时率 100%，业扩同比提速 10%，经验做法在《国家电网工作动态》专题刊登。截至 2017 年，国网枣庄供电公司连续六年实现春节"零停电"，连续六次荣获全市党风政风行风评议"双第一"，连续六年保持"全国文明单位"。

融合社会责任管理理念之前

- 决策以促进供电公司健康快速发展为前提，注重决策的准确性和时效性
- 缺少社会和环境影响评估
- 较少邀请利益相关方参与
- 缺少决策对经济、社会、环境价值的衡量

决策理念　决策绩效
决策标准　**决策管理优化**　决策制度
决策内容　决策程序

融合社会责任管理理念之后

- 决策的制定不但考虑依法合规、技术可行、经济合理、能力可及，而且考虑社会接受、环境友好、价值优越，追求综合价值最大化和争取社会认可
- 增强决策对社会和环境影响的评估
- 提升决策透明度，增强利益相关方参与
- 增设经济、社会、环境综合价值衡量

总经理办公会决策管理优化前后对比分析

案例二

国网泰州供电公司融入利益相关方影响性评价的企业决策管理

问题

企业的决策水平，除了直接影响着企业的运营绩效，还会影响社会和企业之外的群体。对于电网企业来说，电力的稳定供应，影响到经济社会的正常运行，影响到千家万户的日常生活，其决策影响的范围更广，更需要以负责任的态度对待每项决策，把对利益相关方的影响也考虑进去。虽然企业在决策管理的实施中已有一系列较为成熟的管控制度与流程，但现有决策机制仍存在很多局限，未将利益相关方诉求与资源优势纳入决策考量，缺少利益相关方参与决策的制度和工具，决策推进实施的效率和效果尚有提升空间。因此，国网泰州供电公司需以更审慎的态度、全面综合考量进行决策，充分权衡决策对经济、社会和环境的影响，不断提升供电公司决策水平。

解决方案

从社会责任视角创新开发辅助决策表。使供电公司上下所有层级都具备社会责任意识并非一朝一夕所能实现的，因此，需要制定标准化的社会责任辅助决策工具，在决策前、决策中、决策后三个阶段融入社会责任理念，引导部门在编制方案过程中，注重与利益相关方互动沟通，将其诉求、资源优势体现在方案之中；引导总经理办公会在决策过程中从社会责任的角度评估决策事项的价值与风险；在决策事项实施完成后，引导供电公司以社会责任指标和利益相关方反馈来评估决策事项的完成情况与创造的价值。

应用与优化辅助决策表。

（1）建立利益相关方沟通的系统渠道。国网泰州供电公司针对决策所涉及的关键利益相关方建立有效的沟通渠道，认真听取利益相关方意见，就决策方案无法完全满足利益相关方诉求，作出合理的解释和说明，从而在决策的前期力争达成供电公司与利益相关方的共识，发挥各方优势，促进决策事项的推进实施。

（2）制定融入利益相关方诉求的决策方案。总经理办公会上讨论决策的事项大多具有涉及利益相关方多、影响重大等特征，因此编制决策方案时，不能仅从守法合规、技术可行、经济合理、企业能力可及等因素考虑，还要认真听取利益相关方诉求，并从社会认可、生态友好、综合价值优越等方面进行思考和提炼。为了方便各部门进行利益相关方分析，国网泰州供电公司梳理出决策可能涉及的利益相关方、主要议题、核心诉求和优势资源。结合供电公司的利益相关方分析，参考社会责任国际标准和国家标准，归纳总结"三重一大"重要事项和日常经营管理事项在经济、环境和社会领域的价值与风险，制定决策方案。

（3）实施决策。在决策事项通过后，由部门负责人组织落实，并加强过程把控。

（4）评估决策成效。制定具体的实施方案引导国网泰州供电公司以社会责任指标和利益相关方反馈来评估决策事项的完成情况与创造的价值。如下发《关于进一步加强配（农）网外包安全管理的通知》，不仅规范了外包单位的施工行为，降低安全事故率，减少环境及噪声污染，保证施工的按期完成率，而且实现了经济、社会、环境的综合价值最大化。

固化决策管理模式。责任决策工具与流程形成后，国网泰州供电公司选取各部门若干上报事项作为试点，在各部门层级试行责任决策辅助表，并结合部门使用的反馈意见，对工具与流程进行优化提升，并将社会责任决策管理融入后的总经理办公会决策流程、要求写入《泰州供电公司本部部门议事规则》之中，要求各部门落地执行，使社会责任决策形成固化机制。

社会责任要求融入决策流程

成效

社会责任融入决策管理。通过将对利益相关方、社会和环境的影响融入决策管理中，形成了一种创新的社会责任融入决策管理机制，保证决策的科学性、针对性和工作效率。开展全过程责任决策，提升责任决策的管控率，增加企业社会责任在决策中的考察，形成企业社会责任辅助决策的制度和社会责任融入决策管理模式。国网泰州供电公司运用社会责任辅助评价表共开展责任决策议题 18 个，收集 89 条利益相关方反馈，优化改进决策方案 32 项。

降低决策可能产生的风险。从社会责任视角对议题进行更综合的考察，预先排除利益相关方可能存在的阻力，使决策的实施更加顺利、高效，同时，责任决策过程中融入了外部视角和综合价值最大化原则，有效规避了不当决策带来的风险，试点决策议题的执行过程没有产生重大舆情。

展示了企业的履责表率形象。通过将社会责任融入企业决策管理，提升了供电公司的管理水平，塑造了良好的品牌形象。在《关于进一步加强配（农）网外包安全管理的通知》中，通过应用社会责任辅助决策表，规范了外包单位的施工行为，降低安全事故率，减少环境及噪声污染，保证施工按期完成率，得到了外界的赞誉。

案例三

国网长沙县供电公司优化党委会决策管理

问题

长沙县经济社会快速发展对供电服务品质提出新的要求，如何利用党委会决策有效管理好企业对经济、社会和环境所产生的影响，尤其对于一些涉及外部利益相关方的决策，如何充分发挥外部利益相关方的参与作用，成为国网长沙县供电公司面临的重要问题。

解决方案

国网长沙县供电公司将党委会作为改进决策管理的切入点，引入社会责任理念，主动查找利益相关方参与决策过程的"短板"环节，从决策目标、决策计划、决策评估、决策改进等方面优化原有决策方式，对企业决策进行基于外部需求的系统管理。

国网长沙县供电公司制定《社会责任管理（党委会决策管理）制度》，主动学习借鉴国家电网有限公司系统内优秀决策管理经验，从决策前、决策中、决策后三阶段全面优化决策管理。在决策前，制定项目可行性评估表及项目实施评价表，分析项目的技术、经济、社会、环境指标及各因素的利益相关方，确定决策充分考虑利益相关方参与，保持合理的透明度。在决策中，从议题选取、议题分类、方案编制、决策实施、决策评估五个阶段对党委会决策流程进行优化，积极推动利益相关方参与，确保决策内容到位、执行得力。在决策后，将决策管理指标纳入绩效考核，增设"一次上会通过率""决策结果执行率""价值贡献率"等决策管理指标，及时检验收集决策及执行的成效。通过重大决策风险评估流转单对"三重一大"等重大决策事项进行风险评估。

- 贯彻落实上级党委重要文件、指示、决定和会议精神的有关措施
- 党的建设、文化建设、队伍建设、反腐倡廉建设的规划、年度计划、实施方案、考核、表彰奖励等重大事项

- 重要人事任免事项
- 供电公司发展和电网发展规划、计划，重点工程项目
- 其他需提交党委会议的事项

提交会议前应深入调查研究、充分酝酿、经过必要的研究论证程序（提交议题申请表和重要决策风险评估流转单）。相关事项严格按照国家电网有限公司通用制度执行。企业改制等涉及职工切身利益问题的事项，应通过职代会听取意见建议

相关部门按要求拟定上会议题，征求政府主管部门、客户、社区等意见，准备上会材料

呈报分管领导审阅

归口管理部门汇总归集

按规定呈报主要领导审定

严格执行供电公司党委议事规则、供电公司规则等制度办法，以会议形式，按职责权限内事项作出集体决策。决策会议符合应到会人数的三分之二及以上方可召开。详细做好会议记录并存档备查

| 有争议事项 | 无争议事项 |

重新调研

领导班子成员按分工和职责组织实施，遇有分工和职责交叉的，由主要领导确定牵头部门和人员

对决策执行效果作出综合评定。执行中，如需重大调整，应当重新履行决策程序

会议前准备

会中决策形成

执行决策

评估决策后

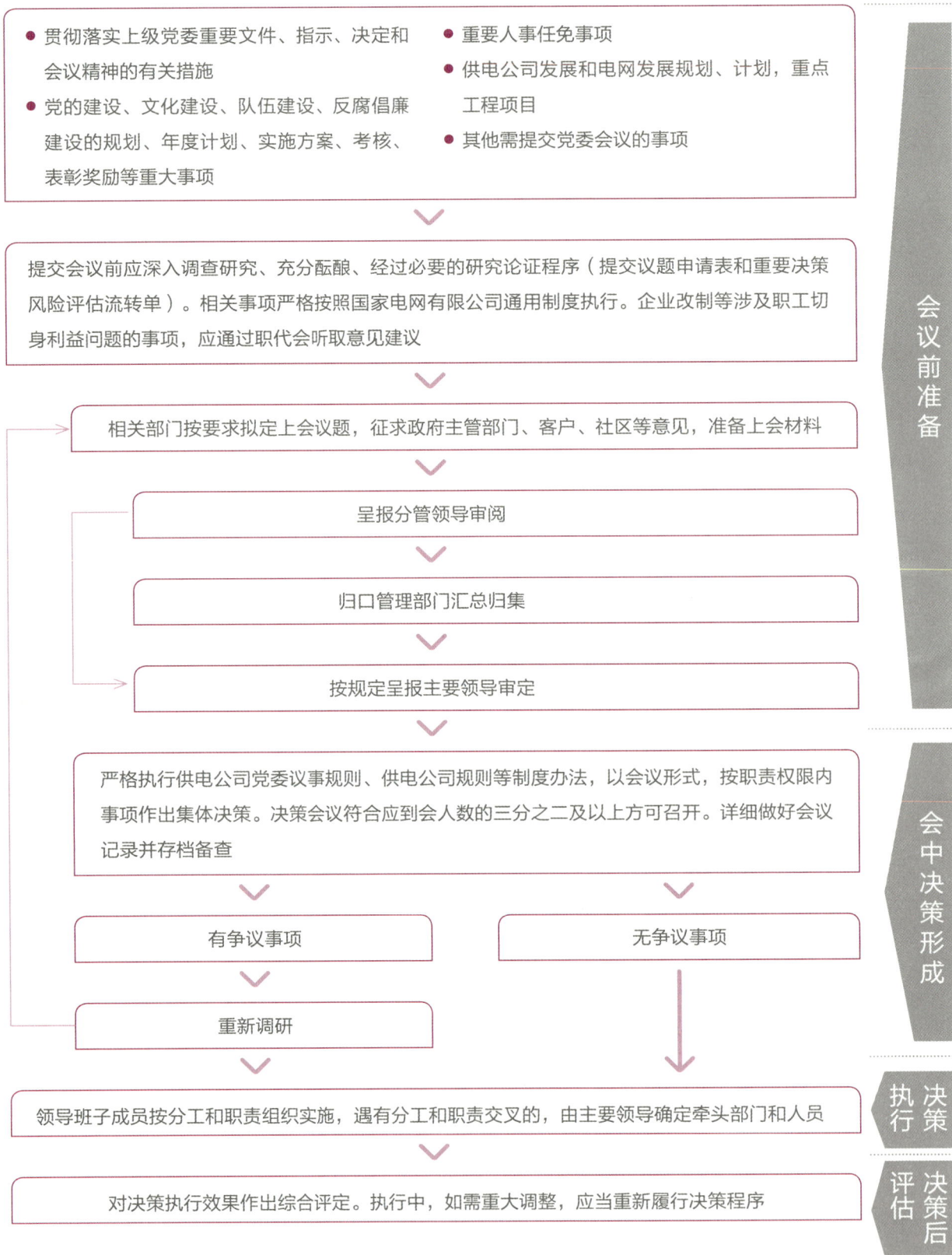

国网长沙县供电公司党委会决策工作流程

国网长沙县供电公司重要决策风险评估流转单

长电风评〔20××〕××号

主办部门：　　　　　　　　　　　　　　　　　　　　　日期：　　年　月　日

决策事项名称				
方案简述				
风险源辨识		部门负责人：	年	月	日
安全评估（安质部）		部门负责人：	年	月	日
经营评估（营销部）		部门负责人：	年	月	日
人资评估（人力部）		部门负责人：	年	月	日
财务评估（财务部）		部门负责人：	年	月	日
物资评估（物资中心）		部门负责人：	年	月	日
审计评估（审计部）		部门负责人：	年	月	日
监察评估（监察部）		部门负责人：	年	月	日
法律评估（办公室）		部门负责人：	年	月	日
社会评估（社会责任领导小组办公室）		部门负责人：	年	月	日
公司领导			年	月	日

风险评估说明：

1. 本流转单适用于"三重一大"等重大决策事项风险评估。

2. 主办部门发起流转，填写主办部门名称、日期、决策事项名称、方案简述、风险源辨识（认为可能存在的风险）。

3. 主办部门根据风险源辨识情况和实际需要，经公用邮箱同时送安全、经营、人资、财务、物资、审计、监察、法律等部门进行专业风险评估，相应部门填写决策方案可能存在的风险与整改防范意见，由部门负责人电子签名。

4. 办公室（法律）归口管理重要决策风险评估，对流转单进行统一编号。

5. 汇报部门将本单送公司领导审核确认，组织决策方案完善，公司领导填写相应意见并签字。

6. 流转完毕后，汇报部门按事项业务要求将流转单一并归档，并将流转单复印报办公室（法律）归档。

成效

国网长沙县供电公司将优化后的决策管理流程运用于业扩服务廉政风险防控的决策中，由议题提报部门填写项目可行性评估表，由社会责任领导小组办公室填写项目实施评价表。在决策过程中邀请客户、公众等代表参与到业扩服务廉政风险的监督中，征集各方对防控业扩服务廉政风险的办法提出的合理建议，推动业扩服务廉政风险全面防控。

案例四

国网乌鲁木齐供电公司全过程沟通优化决策管理

问题

乌鲁木齐市作为新疆维吾尔自治区首府、欧亚大陆互联互通的重要节点，战略地位十分重要，同时维护社会稳定的形势依然严峻。作为关系能源安全和经济命脉的公用事业企业，国网乌鲁木齐供电公司的经营发展有着重要的经济意义和社会意义，经营行为受到社会各界、各民族的密切关注。面对敏感复杂的社会环境和公众的密切关注，企业决策需要充分考虑对利益相关方的影响，主动践行社会责任，积极作出表率、树立形象，接受公众监督，争取各界信任，为社会提供安全、经济、清洁、可持续的电力供应，以维护民族团结，促进社会稳定与发展。如何优化涉及生产经营和改革发展等重大事项的决策会议，成为国网乌鲁木齐供电公司面临的重要问题。

解决方案

议题选取。增设全面社会责任管理办公室评估环节，各部门首先向全面社会责任管理办公室提报会议议题审批呈报表，全面社会责任管理办公室经梳理研究后，优先选取对供电公司发展与利益相关方有重大影响和对经济、社会、环境有重大影响的议题。

议题评估。增加与企业内外部利益相关方沟通、全面社会责任管理办公室审核评估环节，如果存在对重大社会、环境风险分析不到位或未充分考虑利益相关方诉求的议题，全面社会责任管理办公室将予以退回，确保议题方案在专业及社会责任方面沟通到位，调查分析到位，客观全面反映议题实质，为决策提供重要判定依据。

方案制定。重视政府、客户、媒体、社会公众等相关方的沟通、参与，不断健全完善利益相关方沟通、参与机制，进行多角度、全方位的利益相关方沟通，确保每项议题综合考虑对利益相关方和经济、社会、环境的影响。

议题决策沟通更主动。紧密配合政府民生工程，超前策划重大履责实践议题。超前研究发展课题，主动推动政府政策制订。在制定重大决策前，充分考虑相关方的利益诉求，主动将议题决策发往利益相关方沟通小组进行沟通讨论，通过列席会议的方式，共同商讨决策，最大限度尊重各方利益，争取各方认同支持。

搭建平台完善沟通渠道。持续规范沟通行为，明确履责过程沟通的工作要求；创新沟通形式和沟通工具，与公众媒体建立良好的合作互动关系，借助媒体力量，传播典型履责实践；主动邀请利益相关方参与，接受利益相关方监督，保持全过程的互动和沟通；定期上报社会责任管理信息月报，促进社会责任管理工作得到全范围的关注、全过程的监督。

建立利益相关方信息池。分类盘点利益相关方及其价值主张，按专业类别，对本专业所涉及的内外利益相关方及其诉求、资源进行系统盘点识别，形成《利益相关方及其价值主张清单》。对利益相关方及其价值主张进行整合，在分专业类别识别之后，由全面社会责任管理办公室，对所识别的利益相关方及利益诉求进行整理合并。通过利益相关方信息池集成利益相关方及其价值主张，以半年为周期动态整理更新，为社会责任融入决策提供全面的源头信息支撑。

量化开展履责效果沟通。每年开展第三方满意度调查测评，推进问题整改。开展履责项目实施效果的量化评价，从"整体满意度、利益关注度、预期满足度、协同参与度、互动态度、沟通时限、沟通方式"共七个维度对项目履责效果进行评价，加强对评价结果背后的信息挖掘和应用，对评价得出的短板部分，进行全面分析，并提出改进措施，将利益相关方参与纳入项目管理的整个闭环。

整体满意度
利益关注度
预期满足度
协同参与度
互动态度
沟通时限
沟通方式
项目履责效果评价七维度
1 2 3 4 5 6 7

利益相关方效果评估表

指标	量表得分					相关方 A	相关方 B	相关方 C	相关方 D	…
	5	4	3	2	1	权重 1	权重 2	权重 3	权重 4	…
整体满意度										
利益关注度										
预期满足度										
协同参与度										
互动态度										
沟通时限										
沟通方式										

决策执行。增加全面社会责任管理办公室和利益相关方跟踪监督环节，对执行情况进行绩效考核评价，及时纠偏，持续改进，确保决策内容落实到位。

成效

国网乌鲁木齐供电公司以综合价值最大化为原则，充分考虑利益相关方诉求，将社会责任融入企业决策管理，有效提升社会责任实践工作成效。超前策划重大履责实践议题，开展亚欧博览会、自治区党代会等多项维稳重大履责实践；推动政府政策制定，与乌鲁木齐警备区签订《军民融合战略合作协议》，推动供电公司"十三五"电网规划纳入城市重点基础设施专项规划，电网建设项目纳入市重大项目计划；紧密对接政府工作，促成政府出台《关于加快乌鲁木齐市电网规划建设工作的实施意见》，印发《乌鲁木齐电网发展建设座谈会会议纪要》《关于全面推进"多表"一体化采集建设的通知》等。2017年，69468位客户参与了满意度调查，从故障报修、业务咨询、服务申请等方面给予满意度反馈，客户满意率达 99.71%。

2017 年，国网乌鲁木齐供电公司
在故障报修、业务咨询、服务申请
等方面客户满意率达

99.71%

案例五

国网青浦供电公司通过决策管理推动社会责任管理动态提升

问题

供电作为服务民生的基础行业，其日常工作与社会发展、民生息息相关，供电企业在工作中的决策部署与经济、社会、环境发展关联极为密切。在目前的决策标准中，更偏重于考虑技术可行、经济合理和企业自身能力，对利益相关方诉求体现不多，因此需要将社会认可、生态友好等利益相关方诉求更多地纳入决策标准当中。在目前的决策内容中，考虑资源多局限在企业内部，仅限于企业内部的人、财、物，对外部资源考虑较少，从综合价值最大化的角度，需要将外部利益相关方的资源、能力、信息与优势纳入到决策内容当中。在目前的决策流程中，外部利益相关方参与度不足，需要提升利益相关方的参与度。同时，为确保社会责任管理能够在决策管理中实现动态提升，需要在决策的各个环节开发规范性的工具，以确保决策管理全过程规范、高效、共赢。

解决方案

开展利益相关方诉求调研。国网青浦供电公司依托标准化履责模式广泛收集利益相关方诉求和反馈，并将诉求融入议题决策管理的过程中，持续建立健全规范有效的制度流程，不断创新决策议题的优化、绩效考核和反馈方式，促进国网青浦供电公司社会责任管理实现动态提升。

多元化的决策标准。国网青浦供电公司决策标准更加多元化，跳出原有局限，将节约日常管理、建设、运维或服务成本，节约资源、能源的使用，提升供电服务等内容纳入到决策标准之中。

最大化丰富决策内容。国网青浦供电公司将决策内容延伸至外部，在资源分析时不但考虑了决策财务合理性，而且考虑了利益相关方的理解、信任和支持。同时，针对决策所涉及的关键利益相关方设计有效的沟通策略和方案，充分考虑外部利益相关方的资源、能力、信息与优势，努力追求综合价值的最大化。

优化决策管理流程。优化企业决策管理是全面社会责任管理示范基地创建的重要内容，国网青浦供电公司十分重视议题决策管理流程的优化，以促进社会责任管理的动态、持续性提升。在议题筛选过程中，国网青浦供电公司各部门结合自身业务特点，从上级相关政策指导、经营发展战略、年度计划、重大项目与技术改造及诉求分析库等，梳理出常见议题作为备选，如噪声管理、辐射影响管理与沟通、隐私保护、信息公开、停复电告知、投诉处理速度与结果、应急抢修、电力体制改革等，并根据议题紧迫程度、对利益相关方影响程度等提交总经理办公会进行讨论。优化后的议题决策管理流程主要包括议题提交、议题选择、议题上会准备、议题方案制定、议题最终决策、议题执行与督办六个环节，并处在循环优化的过程中。

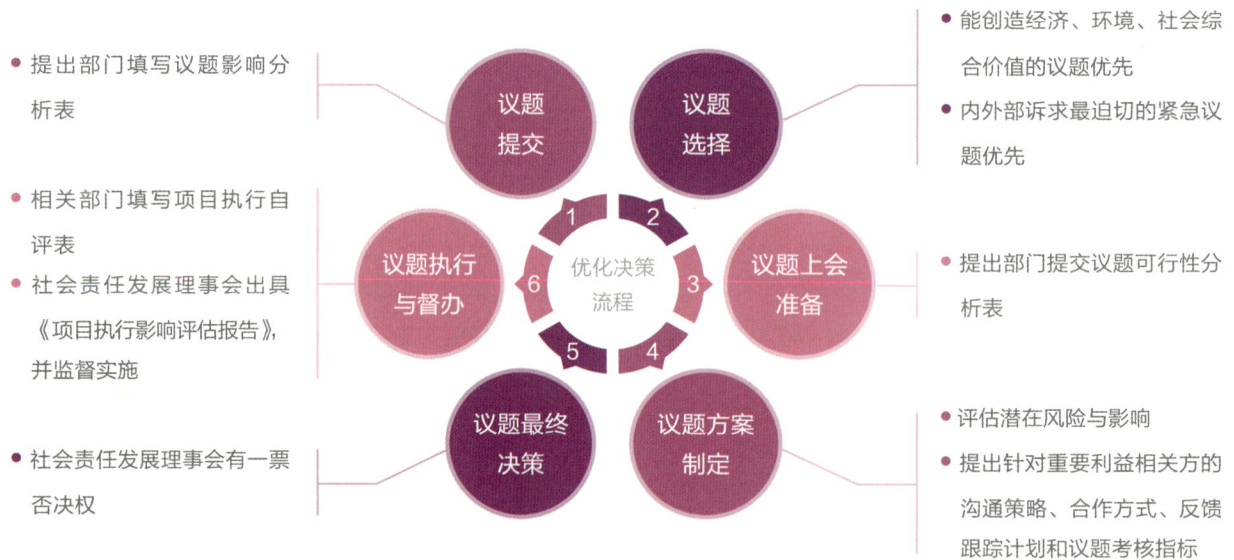

- 提出部门填写议题影响分析表
- 相关部门填写项目执行自评表
- 社会责任发展理事会出具《项目执行影响评估报告》，并监督实施
- 社会责任发展理事会有一票否决权

议题提交 / 议题选择 / 议题上会准备 / 议题方案制定 / 议题最终决策 / 议题执行与督办（优化决策流程）

- 能创造经济、环境、社会综合价值的议题优先
- 内外部诉求最迫切的紧急议题优先
- 提出部门提交议题可行性分析表
- 评估潜在风险与影响
- 提出针对重要利益相关方的沟通策略、合作方式、反馈跟踪计划和议题考核指标

开发规范性的工具。 在诉求调研阶段制定利益相关方诉求收集表，在明确决策标准阶段，制定决策的价值及风险评估表，从经济、环境、社会三个方面分析对利益相关方的影响，对实施中可能出现的潜在风险，如技术、财务、人员保障、经济、环境、社会等方面提前制定应对方案。决策实施过程通过自评表和执行影响评估报告对决策执行情况进行闭环管理，确保决策实施成效。

固化为制度。 为确保能够通过决策管理实现社会责任管理持续地动态提升，国网青浦供电公司制定了《国网上海青浦供电公司总经理办公会议题决策方案》，将以上方案固化为制度，通过制度文件保障决策管理优化贯彻落实。

成效

国网青浦供电公司在管理上形成了制度化的决策议题报送和选择机制，完善了议题决策管理流程，开发了一系列与制定流程相配套的社会责任管理工具，促进了决策管理体系更加规范，从而能够及时动态响应外部利益相关方需求。在 2014 年至 2017 年实施的"光明工程"改造中，应用了决策优化管理后，有效推动了社会责任管理的落地，相关指标较类似民生类改造工程有了显著提升，其中 12345 市民热线投诉率同比下降三分之一，施工现场未出现有责投诉。

案例六

国网宝应县供电公司推动利益相关方参与优化决策管理流程

问题

作为宝应县电力输、配、售的国有能源服务企业，国网宝应县供电公司承担着保障区域电力供应，服务地方经济、社会发展的重要责任。供电企业的天然职责和战略地位决定了企业在决策时，要充分权衡决策对经济、社会和环境的影响。但国网宝应县供电公司现有决策机制尚有不足，在决策原则上，参与讨论的各部门负责人倾向于从专业工作角度作出判断，对决策事项可能导致的经济、环境和社会的影响考虑不够周全；在决策流程上，目前还缺少有效的制度和工具以确保部门在方案制定过程中收集和回应利益相关方诉求，减少事项实施过程中利益相关方可能带来的阻力；在决策评价标准上，目前决策事项通过在线督办系统，统计"完成""未完成"两种情况，而决策事项实施过程中对经济、社会和环境产生了哪些影响，还没有形成评价指标，不利于跟踪记录和持续优化决策效果。

解决方案

国网宝应县供电公司秉承"影响即是责任"的社会责任理念，转变以往以专业视角为出发点的决策思路，运用利益相关方管理理论，通过优化决策原则、改进决策流程、固化决策程序，主动分析衡量决策行为对经济、社会、环境的风险和价值，全面提升领导的责任决策水平，提升责任决策的管控率。

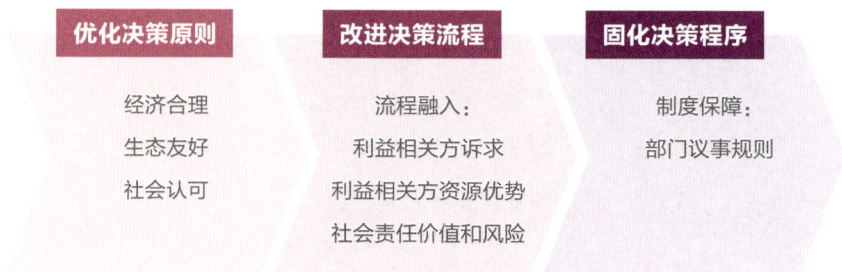

优化决策原则	改进决策流程	固化决策程序
经济合理 生态友好 社会认可	流程融入： 利益相关方诉求 利益相关方资源优势 社会责任价值和风险	制度保障： 部门议事规则

国网宝应县供电公司推动利益相关方参与优化决策流程管理的方法

**引入外部视角
优化决策原则**

在决策原则上，不仅以守法合规、技术可行、经济合理、企业能力可及等为标准，而且从社会认可、生态友好、综合价值优越等方面进行判断，从而确保决策事项实施后，尽可能实现经济、社会和环境的综合价值最大化。

**融入多方诉求
改进决策流程**

国网宝应县供电公司在部门议事规则和总经理办公会议事程序的基础上，将利益相关方诉求、社会责任理念要求融入决策管理。即决策前，引导部门在编制方案过程中，注重与利益相关方互动沟通，将其诉求、资源优势体现在方案之中；决策中，引导总经理办公会在决策过程中从社会责任的角度评估决策事项的价值与风险；决策后，引导供电公司以社会责任指标和利益相关方反馈来评估决策事项的完成情况与创造的价值。同时，设计利益相关方分析与沟通表、议题影响评估表、决策议题合法性和社会责任审查表及利益相关方反馈调查问卷等工具，从决策前的议题选取、决策中的会议讨论、决策后的跟踪督办等各个环节全过程管控，形成闭环管理。

**优化议事规则
固化决策程序**

将社会责任融入后的决策流程、要求，写入《国网宝应县供电公司本部部门议事规则》之中，要求各部门落地执行，使社会责任决策形成固化机制。

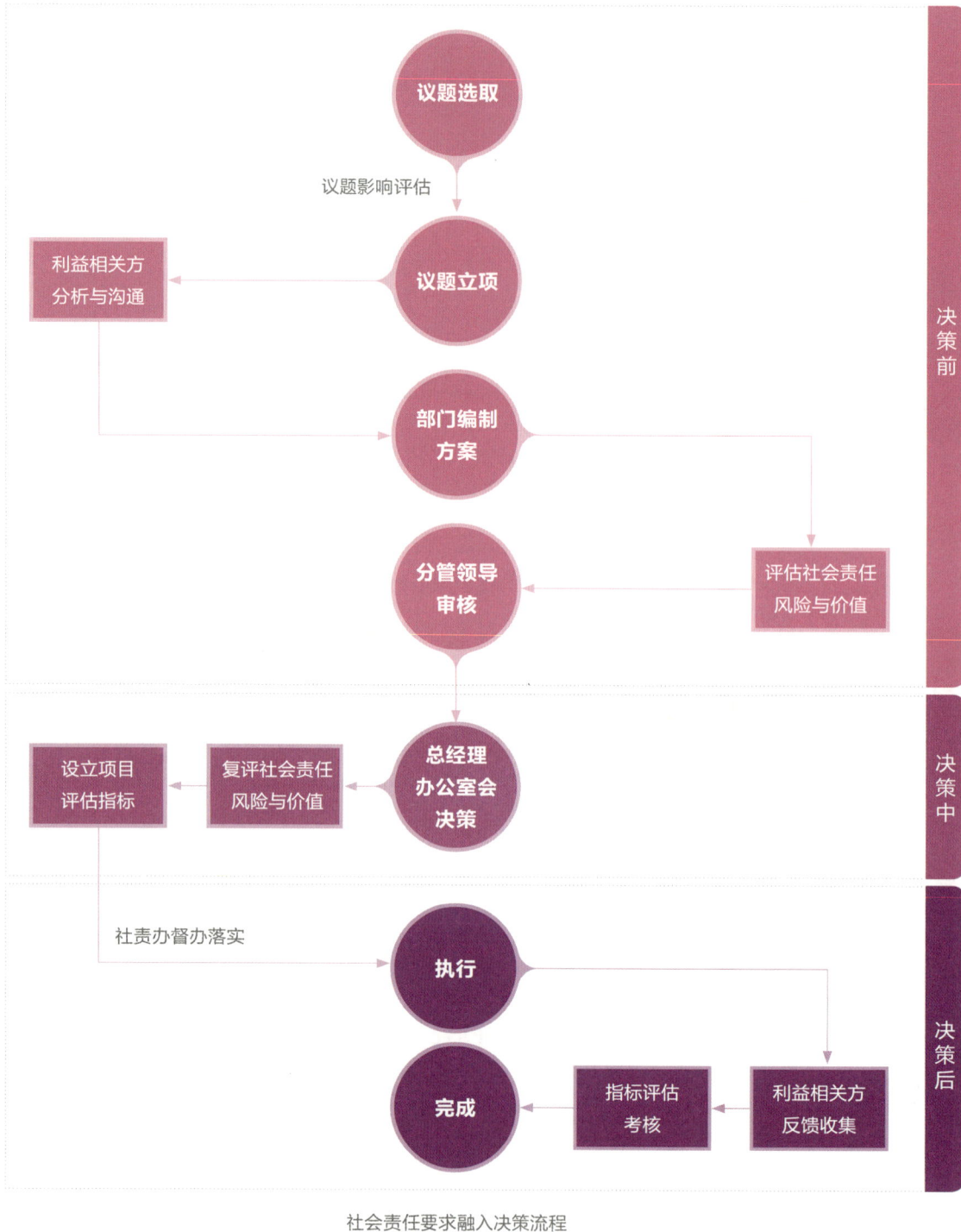

社会责任要求融入决策流程

成效

国网宝应县供电公司综合运用利益相关方分析与沟通表、议题影响评估表、决策议题合法性和社会责任审查表及利益相关方反馈调查问卷等管理工具与方法，规范决策管理流程、优化决策管理制度体系、细化社会责任融入决策管理工作标准，实现社会责任管理与决策管理有效融合。

图书在版编目（CIP）数据

社会责任融入决策管理工作手册 / 国家电网有限公司编 .——北京：
中国电力出版社，2018.6
（供电企业社会责任管理工具丛书）
ISBN 978-7-5198-2164-7

Ⅰ．①社… Ⅱ．①国… Ⅲ．①供电—工业企业—企业责任—
社会责任—中国—手册 Ⅳ．① F426.61-62

中国版本图书馆 CIP 数据核字（2018）第 127108 号

出版发行：中国电力出版社
地　　址：北京市东城区北京站西街 19 号（邮政编码 100005）
网　　址：http://www.cepp.sgcc.com.cn
责任编辑：周天琦（010-63412243）
责任校对：太兴华
装帧设计：责扬天下
责任印制：蔺义舟

印　　刷：北京瑞禾彩色印刷有限公司
版　　次：2018 年 6 月第一版
印　　次：2018 年 6 月北京第一次印刷
开　　本：889 毫米 ×1194 毫米　16 开本
印　　张：6 印张
字　　数：179 千字
定　　价：55.00 元